Bibliografische Information der Deutschen Nationalbibliothek:

Die Deutsche Nationalbibliothek verzeichnet diese Publikation in der Deutschen Nationalbibliografie; detaillierte bibliografische Daten sind im Internet über http://dnb.d-nb.de abrufbar.

Impressum:

Copyright © 2014 ScienceFactory

Ein Imprint der GRIN Verlags GmbH

Druck und Bindung: Books on Demand GmbH, Norderstedt, Germany

Coverbild: pixabay.com

Ukraine
Der lange Weg zur Demokratie

Inhalt

Die Entwicklung der Rechtsstaatlichkeit in der Ukraine von Djordje Andrijasevic (2009) 6

Einleitung 7

Vorgeschichte, Entstehung der Verfassung, Wende 1989/90, „Orange" Revolution 10

Rechtsstaatlichkeit in der Ukraine heute 16

„Bestandsaufnahme" des Rechtsstaates anhand von politischen Länderratings 22

Conclusio 26

Bibliographie 28

Die zivilgesellschaftliche Komponente der Demokratisierung Belarus und Ukraine im Vergleich von Veronika A. Bach (2010) 31

Einleitung und Fragestellung 32

Die Zivilgesellschaft in Belarus und Ukraine 36

Fazit 48

Literatur- und Quellenverzeichnis 50

Voter's choice in Ukraine's Presidential and Parliamentary Elections since 1994 von Nico Rausch (2007) 53

Introduction 54

Interest building – a "democratic class struggle" 54

The first general elections in independent Ukraine-Contradictory voter's choice in 1994 presidential and parliamentary elections 59

The parliamentary elections 1998 – no convergence in the center and Kuchma's second success in 1999 presidential elections 63

Parliamentary elections 2002 – the emergence of the democratic centre 65

Victory for the democratic opposition in the presidential race 2004 67

The first truly free elections of Ukraine 69

Conclusion 71

References 73

Die Ukrainische Verfassung von 1996 Bedingungsfaktor für ein autoritäres Regime? von Georg Sonnenberger (2010) 76

    Einleitung – Problemstellung – Literaturbericht 77

    Kennzeichen eines autoritären Herrschaftssystems 79

    Diskrepanzen zwischen Verfassungsnorm und Verfassungswirklichkeit während der Regierung Kutschmas 80

    Ergebnis 85

    Literaturverzeichnis 88

Oligokratie: Schwierigkeiten bei der Konsolidierung der ukrainischen Demokratie am Beispiel der Medien von Johannes Stockerl (2010) 90

    Massenmedien als Indikator demokratischer Konsolidierung 91

    Literaturbericht 93

    Die Ukraine nach der Orangen Revolution – Analyse des Status quo 94

    Die Massenmedien in der Gesellschaft 101

    Zum Zustand des ukrainischen Mediensystems 107

    Die Ukraine nach der Orangen Revolution – Ausblick in eine ungewisse Zukunft 110

    Literaturverzeichnis 112

Ukraine – jüngere politische Entwicklungen seit September 2007 von Nico Carl (2011) 114

    Die Neuwahlen im September 2007 115

    Die Präsidentschaftswahlen 2010 118

    Wahl des neuen Ministerpräsidenten Asarow 119

    Politische Entwicklungen nach der Wahl des neuen Ministerpräsidenten 120

    Literatur 126

Einzelbände 129

Die Entwicklung der Rechtsstaatlichkeit in der Ukraine
von Djordje Andrijasevic (2009)

Einleitung

Nach dem Zerfall der kommunistischen Systeme 1989/90 und dem Zusammenbruch der Sowjetunion proklamierten sich mehrere Staaten für unabhängig, mit ihnen auch die Ukraine. Fast gleichzeitig mit der Unabhängigkeitserklärung folgte aber auch das „Bekennen" zum westlichen Wirtschafts- und Staatsmodell. Zwar trat in den meisten post-kommunistischen Staaten die neue Verfassung schnell in Kraft, der so genannte Transformationsprozess dauerte jedoch wesentlich länger bzw. ist noch nicht vollendet.

In den ehemaligen Satellitenstaaten der UdSSR wie z. B. der Tschechoslowakei (heutige Tschechische Republik und Slowakei) kann der Transformationsprozess zur Demokratie und freien Marktwirtschaft spätestens mit dem Beitritt zur Europäischen Union 2004 bzw. 2007 als beendet gesehen werden. Für die Ukraine trifft dies nur teilweise zu. Gemessen an wirtschaftlichen Größen wie dem BIP/Kopf oder dem Durchschnittseinkommen und an „politischen" Indikatoren wie etwa dem BTI[1], sind drastische Unterschiede im Vergleich zu anderen europäischen Transformationsstaaten festzustellen. Für das Jahr 2008 weist die Ukraine beim *Status Index* des BTI nur 6.93[2] (von max. 10) Indexpunkten auf (BTI 2008a), während hingegen Tschechien 9.56 Punkte aufweist (BTI 2008b). Russland weist einen *Status Index* von nur 5.94 (BTI 2008c) auf. Dies zeigt sehr deutlich, dass die Ukraine als „Mittelding", gemessen an politischen und wirtschaftlichen Indikatoren, zwischen den ehem. Satellitenstaaten, die heute wirtschaftlich prosperieren, und Russland gesehen werden kann. Es gibt viele Erklärungsmöglichkeiten, warum die Ukraine in vielerlei Hinsicht, verglichen an den Erfolgen der anderen europäischen (ehem.) Transformationsländer, sich nur geringfügig verbessert hat bzw. in vielen Fragen stagnierte. Ein Grund ist sicherlich der immer noch präsente Ost/West-Konflikt, der das Land in zwei Teile spaltet und nur schwer ermöglicht, dass die Ukraine einen einheitlichen Kurs zu Gunsten aller Bürger einschlägt. Dieser Ost/West-Konflikt kommt in vielen Themen des öffentlichen Lebens wie z. B. der immer noch präsenten Nationalitäten-Frage vor. So könnte man das Land grob in den *„traditionell antisowjetischen, katholischen Westen (Galizien, Bukowina) mit seiner ukrainischen Majo-*

---

[1] Bertelsmann Transformation Index; Ranking von 119 Staaten, das den Erfolg der Transformation zur Demokratie und Marktwirtschaft misst.

[2] Der Statusindex ist ein Mittelwert, der Messungen zur „politischen Transformation" und der „Transformation zur Marktwirtschaft", die wiederum den Mittelwert aus mehreren Indikatoren bilden. Bei der Messung konnten max. 10 Punkte erreicht werden.

rität und Agrarwirtschaft [...] [und den] *stark sowjetisierte*[n]*, russisch-orthodoxe*[n] *Osten mit seiner russischen Majorität sowie Metall- und Kohleindustrie* [...]" (Freundel 2007) aufteilen. Dass das Land derart gespalten ist, liegt unter anderem daran, dass die Ukraine in ihren heutigen Grenzen eigentlich so nie existiert hat und fast ununterbrochen zwischen russischer und polnischer Einflusssphäre aufgeteilt war. Der Westen sowie die Zentralukraine gehörten z. B. zu Zeiten der polnisch-litauischen Personalunion[3] zu Polen-Litauen. Zu Zeiten der Doppelmonarchie Österreich-Ungarn gehörten Teile der Westukraine (z. B. die Bukowina) zu der ungarischen Reichshälfte. Der Osten war wiederum sehr lange vom russischen Reich dominiert, was dort auch heute noch sehr augenfällig ist, da diese Zeit ihre Spuren hinterlassen hat. Diese Aufteilung des Landes in verschiedene Einflusssphären hat die Gesellschaft der Ukraine sehr stark aufgespalten, was sich auch in den Wahlergebnissen nach Regionen niederschlägt. Ebenso interessant ist hier auch die Nationalitäten- und damit verbundene Sprachen-Frage. Auch hier zeigt sich sehr deutlich, dass in den Regionen, wo die Bevölkerung stark von einer ethnisch-ukrainischen Auffassung ausgeht[4], eine starke Befürwortung der freien Marktwirtschaft und der demokratischen Systeme, während hingegen in den östlichen Regionen, die von der ostslawischen Auffassung[5] dominiert sind, eine stärkere Tendenz hin zu Planwirtschaft und autokratisch organisierten Führungssystemen (vgl. Shulman 2005) erkennbar ist. So versuchte der besonders von östlichen Wählern unterstützte Janukovič bei den Präsidentschaftswahlen 2004 mit Wahlverfälschungen diese gegen seinen Rivalen Viktor Juščenko zu gewinnen, um die Nachfolge des autokratisch regierenden Leonid Kučma zu sichern. Dieser Skandal ebnete schlussendlich den Weg für die „orange Revolution". Juščenko gelang es in den Nachwahlen zu gewinnen. Diese „zweite" Wende der Ukraine bedeutete einerseits den Bruch mit der autokratischen Vergangenheit und andererseits den Weg zu einer viel versprochenen, modernen und (in die EU) integrierten Ukraine. Zwar konnten die „orangen" Kräfte die Macht für sich sichern, in der Lage wirklich spürbare Ergebnisse zu liefern, waren sie jedoch nicht. Dies liegt sicherlich daran, dass ein gewisser Bruch zwischen den ehemaligen orangen Kräften erfolgte und diese (nämlich Juščenko und Tymošenko), statt für die Sicherung der Wirt-

---

[3] Gemeint ist die polnisch-litauische Adelsrepublik 1569–1795.
[4] Die ethnisch-ukrainische Auffassung ist besonders stark im Westen des Landes vertreten.
[5] Die ostslawische Auffassung ist besonders in dem ehemals stark russisch dominierten Osten vertreten.

schaft und politischen Stabilität, nur noch für die eigenen Interessen und Machtsicherungen kämpften. Dies zeigte sich sehr deutlich in den Konflikten um die Verfassung und das Kabinettsgesetz, bei denen es Tymošenko und Juščenko eigentlich nur um die persönliche Machtabsicherung ging. Es scheint so, als ob in der Ukraine nicht im Einklang der Regeln, sondern mit diesen gespielt wird (vgl. Whitmore 2007). Sowohl bei der Beobachtung der Konflikte um die Verfassung sowie um das Kabinettsgesetz, welches nur mühevoll und ohne Zustimmung des Präsidenten in Kraft trat, als auch bei der Rolle des Verfassungsgerichtshofes, welcher gleichsam paralysiert wurde, ist eindeutig zu sehen, dass gewisse politische „Spielregeln" verletzt wurden und dass der Rechtsnihilismus unter allen Parteien (seien sie pro-westlich oder pro-russisch orientiert) weit verbreitet ist (vgl. Segert 2007).

Wie hat sich jedoch die Rechtsstaatlichkeit in der Ukraine etabliert, und welche Rolle spielte dabei der Transformationsprozess und die damit verbundenen Verfassungsänderungen sowie die Umstellung auf eine Marktwirtschaft. Weiters will noch geklärt werden, wie die Lage heute eingeschätzt werden kann und was für die Zukunft vorhergesagt wird bzw. prognostiziert werden kann.

Um dem Leser einen Einblick in die Thematik ermöglichen zu können und um die Frage der „Rechtsstaatlichkeit" zu klären, wurden in dieser Arbeit zunächst die Geschichte der Ukraine sowie die zur Wende 1989/90 und die zum Transformationsprozess relevanten Fakten behandelt. Besonders wichtig sind hierbei die Implementierungen der neuen „westlichen" Normen (neue Verfassung, Marktwirtschaft etc.) sowie der soziale Wandel, der sich, wie es aussieht, stark zeitverschoben zu der Implementierung der neuen Werte zu entwickeln scheint. Überleitend von diesem, wird danach dem heutigen ukrainischen Rechtsstaat ein besonderes Augenmerk geschenkt, indem dieser genauer analysiert wird. Schlussendlich wird eine „Bestandsaufnahme" des heutigen Rechtsstaates *Ukraine* mit Hilfe von politikbezogenen Länderratings wie dem BTI gemacht, um einerseits einen Einblick in den „Stand des Fortschrittes" zu bekommen und andererseits einen Vergleich zu anderen Transitionsländer herzustellen.

Vorgeschichte, Entstehung der Verfassung, Wende 1989/90, „Orange" Revolution

Geschichte des Landes, historische Gründe der Demokratiedefizite

Geographische Lage und Zuordnung

Die Ukraine ist ein osteuropäischer Staat, der im Norden an Weißrussland, im Nordosten an Russland, im Süden an Moldawien und Rumänien und im Westen an die Slowakei, Polen und Ungarn grenzt. Die Hauptstadt des Landes ist mit knapp 2,7 Millionen Einwohnern Kiew. Wörtlich übersetzt bedeutet das Wort *ukrajina* „Grenzland", was geschichtlich gesehen einerseits auf die geographische Lage des Landes zwischen der damaligen europäischen Supermacht Polen und dem gigantischen Russischen Reich und andererseits auf die geopolitische Situation vor allem im 20 Jh. als ein geteiltes Land zwischen dem Russischen Reich und Österreich-Ungarn zurückzuführen ist.

Staatsgeschichte und heutige Folgen

Die Aufteilung des Landes, wie schon kurz in der Einleitung angesprochen, hat bis heute seine Spuren in der Gesellschaft wie z.B. bei der Frage des Staats- und Nationsbildungsprozesses und der damit verbundenen Nationalitäten-Frage hinterlassen. Als sehr schwierig hat sich eben dieser Prozess seit der Unabhängigkeitserklärung 1991 erwiesen, da das Land bzw. Teile der heutigen Ukraine – die ja eigentlich in ihren heutigen Grenzen so nie existierte – abwechselnd vom Mongolischen Reich, der polnisch-litauischen Adelsrepublik, der Monarchie Österreich-Ungarn, dem Osmanischen Reich sowie Russland und der Sowjetunion regiert worden ist. All diese Perioden fremder Herrschermächte haben in vielen Bereichen wie etwa in der Sprachen- und Minderheitenfrage – besonders die Krimtartaren auf der Halbinsel Krim – etc. merkliche Spuren hinterlassen. Die Ukraine hat in ihren heutigen Grenzen, wie schon erwähnt, nie unter einer Herrschaft existiert. Zwar versuchten die Bolsheviken von 1917–1921 ein unabhängiges, souveränes Land zu gründen, nach dem Föderalprinzip des Austro-Marxismus[6] mit der Gründug einer Allianz und später einer „Union der Staaten", was jedoch scheiterte. 1919 wurde von der sowjet-ukrainischen Regierung in Kharkiv die Verfassung verabschiedet, doch 1920 wurde mit der RSFRS[7] eine

---

[6] Von Otto Bauer geprägte Schule des österr. Marxismus.
[7] Russische Sozialistische Föderative Sowjetrepublik.

wirtschaftliche und militärische Union eingegangen, die schließlich mit der Eingliederung der Ukraine in die RSFRS 1922 endete. Die Souveränität bestand weiterhin auf dem Papier, doch diese war mit der Unterordnung der politischen Institutionen der Teilrepublik Ukraine gegenüber der RSFRS ebenfalls untergeordnet, was einen Machttransfer von der Ukraine zu Gunsten der Sowjetrepublik bedeutete, die die Souveränität deutlich eingeschränkt hatte (vgl. Wolczuk 2001: 45f.). Somit wurde ein weiteres Mal die ukrainische Eigenstaatlichkeit verhindert. Positiv ist jedoch anzumerken, dass damals die Grenzen, die bis heute gültig sind und auf dessen territorialer Grundannahme sich die heutige Ukraine konstituiert, geschaffen wurden.

Jedoch wurde das ukrainische Nationalitätsbewusstsein mehr oder weniger von der Sowjetunion unterdrückt – wie in den meisten Vielvölkerstaaten zur Unterdrückung nationalistischer Separationstendenzen –, was sich negativ auf den Staats- und Nationsbildungsprozess nach der Unabhängigkeitserklärung 1991 ausgewirkt hat.

Folgen des Mangels staatlicher Eigenständigkeit

Die eben beschriebenen Probleme der Staatlichkeit der Ukraine, die, wie es Bos (2004: 472) auf den Punkt bringt, „*geprägt* [ist] *von der weitgehend fehlenden Erfahrung staatlicher Eigenständigkeit*", machen sich heute besonders in dem Bereich der Regierungsführung (Governance) bemerkbar. So erreichte die Ukraine beim *Failed State Index Score* für das Jahr 2006 mit 71.4 Indexpunkten Platz 106 von insgesamt 177 Staaten und wurde unter die Stufe *Warning* eingestuft[8] (FfP 2006). Bei dem *Government Effectivnes*[9] Indikator der Weltbank erreichte die Ukraine 30 von 100 % (Worldwide Governance Indicator 2007a: 4), während hingegen Polen bei demselben Indikator knapp 69 von 100% erreicht hat (Worldwide Governance Indicator 2007b: 4).

---

[8] Der Failed State Index Score misst anhand von 12 Indikatoren (aufgeteilt in soziale, wirtschaftliche und politische) die Gefahr zu einem *failed state* zu werden. Der 177. Staat (Norwegen) gilt als der sicherste, während hingegen die Ukraine auf Platz 106 zu den eher gefährdeten (nicht aber momentan) zählt.

[9] Ein Indikator der Weltbank, der im Rahmen des *Country Data Report for Ukraine, 1996–2007* erschienen ist und der sich aus mehreren Indikatoren wie z.B. dem BTI zusammensetzt.

Transformationsprozess/Wende 1989-91

Mit dem Fall der kommunistischen Regime in Osteuropa und dem Zerfall der Sowjetunion erlangte die Ukraine schließlich 1990 die Souveränität und 1991 die komplette, staatliche Unabhängigkeit von der UdSSR. Dies brachte jedoch die Ukraine vom ehemaligen sowjetischen Kurs einer Teilrepublik zu einem eigenstaatlichen, *westlich* demokratischen und marktwirtschaftlichen Kurs ab. Gleichzeitig mit dem Inkrafttreten der neuen Verfassung setzte auch ein sozialer Wandel ein, der u. a. durch eine radikale Zunahme an zivilgesellschaftlichen Organisationen wie NGOs gekennzeichnet war.

Die neue Verfassung 1991

Als sehr chaotisch könnte die politische Situation nach der Wende 1991 beschrieben werden. Die ersten freien Wahlen wurden erst 1994 abgehalten, so war im Jahre 1991 noch die alte Verfassung aus kommunistischer Zeit formal gültig. Aus der Notwendigkeit heraus eine neue Verfassung zu verabschieden, wurde unter der Leitung des ersten Präsidenten, Leonid Kravčuk, eine Kommission beauftragt, die die neue Verfassung formulieren sollte. Diese arbeitete sehr langsam, und es schien, als ob es bis zur Verabschiedung der neuen Verfassung lange dauern würde. Die Kommission konnte, rechtlich gesehen, frei arbeiten, da sie nicht mehr der Kontrolle der Sowjetunion untergeordnet war, doch in der Regierung befanden sich noch sehr viele Sozialisten und Kommunisten, die einen Einfluss auf die Kommission hatten. Dessen bewusst, entschied der damalige Premierminister Kučma, dass eine modifizierte Version des Gesetzes über die Staatsgewalt als provisorische Verfassung dienen sollte (vgl. Bos 2004). Eben dieser Kučma wurde nach der Amtsperiode von Kravčuk 1994 Präsident und hatte insofern einen (negativen) Einfluss auf die Verfassung, als er die Macht des Präsidenten sehr stark aufgewertet und ein präsidentielles System eingerichtet hat.

Kučmas Amtszeit 1994-2005, autoritäre Herrschaftszeit

Kučma, der sich sicherlich dank der großen Wahlbeteiligung der Bergleute im Osten und Süden der Ukraine, denen er einen Ausweg aus der Wirtschaftskrise versprochen hatte, gegen Kravčuk durchsetzen konnte, wurde am 19. Juli 1994 ins Amt des Präsidenten vereidigt (vgl. Kappeler 2000: 257). Seine Amtszeit als

Präsident dauerte von diesem Tag an bis zum 23. Jänner 2005, als er von Viktor Juščenko abgelöst wurde.

Wie im vorigen Kapitel kurz angesprochen, wurde die Verfassung von 1996, die unter seine Amtszeit in Kraft trat, sehr auf einen starken Präsidenten ausgelegt. Zwar ist eine demokratische Verfassung, die einen starken Präsidenten vorsieht, durchaus angemessen, eine autoritäre Herrschaft des Präsidenten legitimiert sie jedoch nicht.

Kučmas Amtszeit ist sehr stark von Wirtschaftsflaute, Korruption, Kriminalität, Verletzung von rechtsstaatlichen Prinzipien wie etwa Wahlfälschung oder der Ermordung oppositioneller Journalisten (wie z. B. Georgij Gongadze) gekennzeichnet. Die eben erwähnte Wirtschaftskrise erreichte 1994 ihren Höhepunkt als das BIP Wachstum -22,5 % betrug. 1998 belegte die Ukraine beim Corruption Perception Index[10] (CPI) Platz 65 von 85 mit nur 2.8 von 10.00 möglichen Indexpunkten (CPI 1998).

Kučmas autoritäres Regime erreichte einen traurigen Höhepunkt als im Jahr 2000 der regimefeindliche Journalist Georgij Gongadze verschleppt und ermordet wurde. Obwohl Kučma versuchte, so wenig wie möglich zur Aufklärung des Falles beizutragen, wurde unter Druck der Europäischen Union der Fall neu aufgerollt und die Mörder verurteilt. Kučma spricht aber immer noch von einer Intrige gegen ihn, und dass Gongadze noch am Leben sei (vgl. NRCU 2009).

Die „orange" Revolution

Eben wurden kurz die Kennzeichen der autoritären Amtsperiode von Präsident Kučma angesprochen, die auf die Zeit von 1994–2005 (dazu genommen werden kann auch Kravčuks Zeit von 1991–94) in der Entwicklung der Rechtsstaatlichkeit einen negativen Einfluss hatten. Die neuen politischen Rahmenbedingungen wurden seitens vieler politischer Akteure nicht dazu genutzt, um die Demokratie und Rechtsstaatlichkeit zu festigen, sondern als Mittel zur Macht- und Geldbereicherung. So kam es oft vor, dass viele neureiche Oligarchen[11] Marionetten in

---

[10] Hierbei muss auch erwähnt werden, dass nur der subjektive *Eindruck* der Bürger von der Korruption gemessen wurde und nicht die tatsächliche Anzahl an Korruptionsfällen, welches aber praktisch unmöglich wäre.

[11] Die Oligarchen verdienten sehr stark intransparent, ähnlich wie in Russland im Zuge der massiven Privatisierungen, sehr schnell viel Geld, wenn auch teilweise auf kriminelle Art und Weise.

das Parlament einschleusten, um in der Politik zu ihren Gunsten abstimmen zu können.

Auf diese negative Entwicklung hatte die ukrainische Gesellschaft jedoch nur sehr wenig Einfluss, sei es aus Desinteresse, oder aus dem Glauben selbst nichts tun zu können (siehe dazu das Subkapitel *Rolle der Zivilgesellschaft*). Erst nach der zweiten Amtsperiode von Kravčuk, als ein Nachfolger gewählt werden musste, da die geplante Verfassungsänderung für eine dritte Amtsperiode an der 2/3-Mehrheit im Parlament scheiterte, kam es langsam zu einem Erwachen der Zivilgesellschaft.

Chronologie der Ereignisse

(vgl. zum Folgenden Forbrig/Shepherd 2008: 11–13)

Oktober, 2004

Da Kučma kein drittes Mal kandidieren darf, unterstützt er Viktor Janukovič als seinen möglichen Nachfolger. Diese Methode entspricht nicht der demokratischen Vorstellung von Machtübergabe, Wahlen und Machtlegitimierung, da die Bevölkerung ausgeschlossen wird.

November, 2004

Die OSZE[12] äußert Bedenken beim ersten Wahldurchgang. Jedoch erreichen weder Janukovič noch Juščenko die nötigen 50 %. Beim zweiten Durchgang gewinnt jedoch Janukovič mit einem knappen Vorsprung. Janukovič setzt sich also durch und wird am folgenden Tag durch die Wahlbehörde als Gewinner bestätigt, Juščenko aber berichtet von massiven Wahlfälschungen und reicht Protest beim Obersten Gerichtshof ein, obwohl Janukovič ihm anbietet, Premierminister zu werden. Der ukrainische Journalist Andrij Bondar (2004) kritisiert den Wahlbetrug folgendermaßen: *„Das Kutschma-Regime hat ein Verbrechen gegen das ukrainische Volk begangen, indem es die Willenserklärung der Bürger massiv verfälscht hat."*

---

[12] *Organization for Security and Cooperation in Europe*, Behörde u. a. zur Konfliktprävention.

Dezember, 2004

Der Oberste Gerichtshof erklärt die Wahlen für ungültig, und der 26. Dezember wird als neuer Wahltag festgesetzt, bei dem sich Juščenko mit 51,99 % gegenüber Janukovič durchsetzen kann. Parallel zu den Geschehnissen findet eine riesige Versammlung von über 1 Million Bürger statt, die sich auf dem Kiewer Hauptplatz versammeln, um gegen das alte Regime und die Wahlfälschungen zu demonstrieren.

Der ukrainische Außenminister Borys Tarasyuk fasste die Geschehnisse Ende 2004 im Nachhinein folgendermaßen zusammen: „*The peaceful Orange Revolution in Ukraine at the end of 2004 was just such a historic turning point for my country. Ukrainians stood up for their dignity and their freedom. It was a battle that they won.*" (Tarasyuk 2008: 7)

Die Rolle der Zivilgesellschaft

(vgl. zum Folgenden Nanivska 2001)

Wie im vorigen Subkapitel erwähnt, kann die „orange" Revolution als eine Art des Erwachens der Zivilgesellschaft und des Bewusstwerdens ihrer Rolle in der demokratischen Mitbestimmung gesehen werden. Die Zivilgesellschaft war bis zum Jahr 2004 sehr schwach ausgeprägt, da sie zu kommunistischen Zeiten eigentlich kaum existiert hat. Die Zeit als Teilrepublik der UdSSR war von einem niedrigen Niveau der politischen Partizipation gekennzeichnet und des mangelhaften Anreizes durch das Regime zur Ausbildung einer Zivilgesellschaft. Es existierten zwar Gruppen, Vereine und Ähnliches, doch die meisten waren nichtpolitisch und vertraten in ihrem Handeln eine kommunistische Ideologie. Zusammenfassend kann gesagt werden, dass Gruppierungen existierten, doch nur ihm Rahmen des ehemaligen Regimes zu dessen ideologischer Stärkung. Bestes Beispiel hierfür ist sicherlich *komsomol*, eine Jugendorganisation, die Jugendliche auf ihre Zukunft in der Kommunistischen Partei vorbereitet hat. Eben aber an einer Zivilgesellschaft hatte es in den 90er-Jahren gemangelt. So kam die zweite Wende, die „orange" Revolution, erst relativ spät, verglichen mit anderen Wenden wie den Streikbewegungen in Polen oder den Protesten gegen die Diktatur in Rumänien etc. So kann auch erklärt werden, warum die Ukraine in demokratischer und rechtsstaatlicher (und damit verbunden auch in wirtschaftlicher) Hinsicht den anderen europäischen Transformationsländern hinterherhinkte. Verglichen zu Polen, wo es schon Anfang der 80er-Jahre eine zivilgesellschaftliche Organisation, nämlich die Solidarność Bewegung, gab, entstanden solche Bewegungen eigentlich erst mit der „orangen Revolution". Diese Solidarność Bewegung konnte sich schon viel früher trotz kommunistischer Repressalien durchsetzen und eine Wende hin zu mehr Demokratie, Selbstbestimmung etc. herbeiführen. Dass sie sich trotz der Unterdrückung durchsetzen konnte, liegt daran, dass das polnische Nationalbewusstsein sehr stark ausgeprägt war und es eine quasi Dachorganisation gab, massiv beeinflusst von der zentralen Identifikationsfigur der katholischen Kirche. Solch ein Nationalbewusstsein war in der Ukraine sehr schwach ausgeprägt und eigentlich nur im Westen des Landes präsent, eine Dachorganisation gab es nicht einmal in Ansätzen. Insofern spielte aber die Zivilgesellschaft eine wichtige Rolle für die „orange" Revolution, welche wiederum für die Festigung der Zivilgesellschaft entscheidend war, da die politischen Akteure (die quasi die „Gallionsfiguren" der Revolution waren) mit den die Leute einigenden Zielen – freie Wahlen und Meinungsfreiheit als Grundlage der Demokratie; Bruch mit der autoritären Vergangenheit; Rechtsstaatlichkeit; bessere wirtschaftliche Lage etc. – ein gemeinsames funktionalistisches Merkmal, welches sehr wichtig ist für die Bildung einer starken und funktionierenden Zivilgesellschaft, festgelegt haben.

Rechtsstaatlichkeit in der Ukraine heute

In den vorigen Kapiteln wurde auf die Geschichte des Landes und deren Folgen auf die Ost/West-Spaltung sowie auf die Entstehung der Verfassung und der „Geschichte" der demokratischen und rechtsstaatlichen Entwicklung seit der Unabhängigkeitserklärung 1991 bis zur „orangen Revolution" im Herbst 2004 eingegangen. All diese Themen sind notwendig, um sich ein Bild von der Geschichte machen zu können, um schlussendlich die Spät- oder Fehlentwicklungen der Etablierung demokratischer und rechtsstaatlicher Werte verstehen zu können.

Das folgende Kapitel konzentriert sich jedoch auf die Umsetzung der Rechtsstaatsprinzipien und beabsichtigt eine Art der Untersuchung jener Prinzipien.

Prinzip der Rechtsstaatlichkeit und die Anwendung im Kommunismus

(vgl. zum Folgenden Schroeder 2008 und Seite „Rechtsstaat")

Im Grunde ist ein Rechtsstaat ein Staat, in dem die Staatsgewalten (Judikative, Legislative und Exekutive) getrennt sind und der zudem an gewisse Gesetze gebunden ist. Dies dient dem Schutz der Bürger gegen staatliche *Willkür*. Weiters lässt sich aus der Verfassung, in der diese Prinzipien verankert sind, auch ableiten, dass jeder Bürger vor dem Gesetz gleich ist und in einem Strafprozess Recht auf Rechtsbeihilfe hat und dass ein Rückwirkungsverbot besteht. Die vier Prinzipien eines Rechtsstaates sind Gewaltenteilung, Berechenbarkeit staatlichen Handelns, Grundrechte und Sicherungsmechanismen. Mit der Gewaltenteilung ist die eben angesprochene Teilung der drei Staatsgewalten in Legislative, Exekutive und Judikative gemeint. Die Berechenbarkeit staatlichen Handelns beinhaltet die Gesetzmäßigkeit, das Rückwirkungsverbot und die Verhältnismäßigkeit von Gesetzen. Dies ist wiederum ein Instrument zum Schutz vor staatlicher Willkür. In diesen Prinzipien ist unter anderem festgelegt, dass Gesetze nicht gegen die Verfassung handeln dürfen (Vorrang der Verfassung), dass Gesetze und Beschlüsse nicht rückwirkend gelten können. Weiters wird auch der Grundsatz der Verhältnismäßigkeit angesprochen, dass staatliche Maßnahmen nur dann gerechtfertigt sind, wenn sie einen legitimen Zweck verfolgen. Das Prinzip der Grundrechte garantiert die Gleichheit aller Menschen vor dem Gericht, und die *Sicherungsmechanismen* dienen dazu, dass die Staatsgewalten einander „kontrollieren" können.

Anwendung im Kommunismus

Streng genommen gab es keine Umsetzung von rechtsstaatlichen Prinzipien und somit keinen Rechtsstaat im Kommunismus. Ein Staat, der dem Recht unterworfen war, wurde somit allein schon wegen der kommunistischen Ideologie, dass alles Recht vom Staat kommt, verworfen. Es war keine Gewaltenteilung vorhanden, da der Oberste Sowjet Dekrete erlassen konnte, und daher die Einparteiendiktatur der KP alle Staatsorgane unter „Kontrolle" hatte (vgl. Schroeder 2008: 13). Der Systemwechsel 1989/90 und die Unabhängigkeitserklärung 1991 bedeuteten besonders in Hinsicht der Rechtsstaatlichkeit die fast komplette Transformation des Systems.

Der Rechtsstaat in der Ukraine, eine Kurzanalyse

Grundsätzlich kann man diese Transformation der Ukraine zum Rechtsstaat seit 1991 in zwei *Epochen* gliedern. Die erste Epoche wäre die Zeit seit der Unabhängigkeitserklärung 1991 bis zur „orangen Revolution", dem zweiten Systemwechsel.

1991 erfolgte das „Bekennen" zur Demokratie und zum Rechtsstaat. Zwar wurden, spätestens mit der endgültigen Verfassung, die demokratischen und rechtsstaatlichen Prinzipien festgelegt, doch muss deutlich zwischen *law in the books* und *law in action* unterschieden werden. Kravčuk, ehemaliger kommunistischer Sowjet der Ukraine, und sein Nachfolger Kučma regierten beide sehr stark autoritär und nutzten das superpräsidentielle System der Ukraine aus.

Gewaltenteilung

In der Ukraine ist der Präsident befugt „Ukasse" (Dekrete) zu erlassen und darf ein Veto bei Gesetzesbeschlüssen einlegen, welches jedoch mit einer 2/3-Mehrheit des Parlaments überstimmt und vom Parlamentspräsidenten unterzeichnet werden darf. Dies geschah, als der Präsident das Ministerkabinettsgesetz nicht unterzeichnen wollte und jede neue Fassung des Gesetzes ablehnte.

Weiters ist der Präsident ermächtigt, im Zweifelsfall das Parlament aufzulösen, wovon Juscenko schon einmal Gebrauch gemacht hat. Somit bestehen viele Möglichkeiten, sich gegen gewisse Gesetze, die die eigene Machtposition gefährden, zur Wehr zu setzen. Weiters kam es oft vor, dass Richter, die eigentlich auf die richterliche Unabhängigkeit vereidet waren, korrupt waren und somit von Kriminellen „missbraucht" wurden. Das Problem hierbei ist aber auch, dass Richter nicht wegen Korruptionsvorfällen belangt werden durften und dass Abgeordnete eine gewisse Immunität genossen. Diese, für Kriminelle und korrupte Abgeordnete idealen Rahmenbedingungen gefährden jedoch die Festigung der rechtsstaatlichen Prinzipien. Verbesserungsansätze sind hier jedoch vorhanden. So wurde die Abschaffung der Abgeordnetenimmunität vom Präsidenten und von der Partei der Regionen gefordert (vgl. NRCU 2007).

Grundrechte

In den Artikeln 21, „All people are free and equal in their dignity and right. Human rights and freedoms are inalienable and inviolable." und 22 „Everyone has the right to respect of his or her dignity. No one shall be subjected to torture, cruel, inhuman or degrading treatment or punishment that violates his or her dignity. No person shall be subjected to medical, scientific or other experiments without his or her free consent." sind viele Sachen aufgeführt, die die Würde und Unantastbarkeit des menschlichen Lebens garantieren sollen. Jedoch hat sich schon öfters gezeigt, dass es eine große Diskrepanz zwischen *law of the books* und *law in action* gibt. Während dem Kučma-Regime schien es so, als ob diese Artikel, die die Grundrechte der Menschen garantieren, nur deshalb in der Verfassung waren, um der Ukraine einen demokratischen und rechtsstaatlichen Anschein zu verpassen.

Zwar hat sich seit der „zweiten" Wende die Lage deutlich gebessert, leider muss aber angemerkt werden, dass es immer noch nicht die Möglichkeit gibt, eine Verfassungsbeschwerde einzureichen. Diese Möglichkeit ist in der Ukrainer Verfassung, Artikel 150 folgendermaßen festgelegt: „These issues are considered on the appeals of: the President of Ukraine; no less than forty-five National Deputies of Ukraine; the Supreme Court of Ukraine; the Authorised Human Rights Representative of the Verkhovna Rada of Ukraine; the Verkhovna Rada of the Autonomous Republic of Crimea"[13].

Rechtsschutz im Strafverfahren

Schon öfters wurde von Erpressungen seitens der Polizei berichtet. Beschuldigte wurden erpresst und teilweise gezwungen, unwahre Geständnisse abzuliefern. Viel zu häufig wird auch eine zu lange Schutzhaft über Verdächtige verhängt, wobei Kriminelle oft ihre Kontakte zu Beamten „spielen lassen", um die Macht des Staates auszunutzen[14].

Die Lage, die sich aber seit der zweiten Systemwende deutlich gebessert hat, zeigt, dass in der Ukraine lange Zeit ein Rechtsstaat eigentlich nur auf dem Papier existiert hat. Viele Beamte waren entweder selbst kriminell tätig oder korrupt, womit in vielen Fällen rechtsstaatliche Entwicklung ausgeschlossen war.

---

[13] Zitate: Ukrainische Verfassung, online auf: http://www.rada.gov.ua/const/onengl.htm.
[14] Hier muss aber auch erwähnt werden, dass dies die „Schattenseiten" des Rechtsstaates sind, die nur relativ schwer zu erfassen sind und über die meist nur spekuliert werden kann.

Probleme und Konflikte bei der Etablierung der Rechtsstaatlichkeit

Die Zeit vor der „orangen" Revolution war stark geprägt von einer autoritären Herrschaft Kučmas, doch die erhofften Verbesserungen nach der Revolution und der Machtübernahme westlich-demokratisch orientierter Parteien und Politiker blieben in vielen Fällen aus.

Die Zeit nach 2004/2005 war besonders von den Machtkämpfen zwischen den ehemals gleich gesinnten Revolutionären gekennzeichnet. Es kam öfters zu Konflikten zwischen den beiden rivalisierenden Spitzenpolitikern Juščenko und Tymošenko, wobei es meist um die eigene politische Machtsicherung ging, anstatt die Legitimierung der Herrschaft durch die Wahlen zu nutzen, um den „Willen des Volkes" auszuüben.

Zentrale Konfliktpunkte waren das Ministerkabinettsgesetz, die verfassungswidrige Parlamentsauflösung durch Juščenko sowie Versuche, die Gegenseite z. B. durch ein (gescheitertes) Misstrauensvotum abzulösen. In den folgenden Kapiteln sollen eben diese Konfliktpunkte behandelt werden, um daraus ein sinnvolles Resümee ziehen zu können.

Konflikt um die Verfassung

2004 wurde die ukrainische Verfassung geändert, wobei der Präsident Macht zu Gunsten des Parlaments verloren hatte und somit ein semi-präsidentielles System entstanden ist.

Das Parlament nutzte sein Recht, indem es am 19.01.2006, nachdem die Verfassungsänderungen von 2004 am 01.01.2006 in Kraft traten, einer Möglichkeit der Amtsenthebung des Präsidenten zustimmte. Weiters wurde mit 274 Stimmen dem Verfassungsgericht die Möglichkeit genommen, die Verfassungsänderungen von 2004 zu untersuchen, was ein klarer Bruch der Verfassung war. Unklar ist jedoch auch die genaue Verteilung der Kompetenzen zwischen Präsident, Regierung und Parlament. So ist z. B. nicht klar, wer für die Entlassung des Außen- und Verteidigungsministers zuständig ist.

Konflikt um das Kabinettsgesetz

(vgl. zum Folgenden Simon/Tiede 2008)

Ein weiterer Konfliktpunkt ist jener um das Kabinettsgesetz, welches am 12.01.2007 in Kraft trat und schon 2005 bei einer Versammlung des Europarates gefordert wurde. Grund dafür war die Notwendigkeit durch ein Gesetz die Regelung der Staatsgewalten festzusetzen, um rechtsstaatliche Prinzipien zu fördern. Bei dem Kabinettsgesetz sind unter anderem die Ernennung des Premierministers, der auf Vorschlag des Präsidenten vom Parlament bestätigt werden muss, sowie die Kompetenzverteilung der Ministerien, bei der das Kabinett befugt ist, ohne jegliche Voraussetzungen Rechtsakte oder Teile davon, die von Ministerien erlassen wurden, zu revidieren, wichtige Punkte.

Durch diesen enormen Machtverlust seitens des Präsidenten war es auch selbstverständlich, dass Tymošenko das Gesetz befürwortet hat. Juščenko hat das Verfassungsgericht bezüglich der „Verfassungswidrigkeit" des Gesetzes mehrmals bei jeder Überarbeitung angerufen und ein Veto eingelegt. Dieses wurde jedoch vom Parlament mit einer 2/3-Mehrheit überstimmt und vom Parlamentspräsidenten Oleksandr Moroz unterzeichnet.

Die Rolle des Verfassungsgerichtshofes

Der ukrainische Verfassungsgerichtshof ist die höchste Instanz bei Fragen, die die Verfassungsmäßigkeit von Gesetzen betreffen. Es ist „[e]*ntsprechend der ukrainischen Verfassung (...). zuständig für die Überprüfung der Verfassungsmäßigkeit von nationalen Gesetzen und Rechtsakten und für die Auslegung der Verfassung und der Gesetze der Ukraine. Die Entscheidungen des Verfassungsgerichtes dazu gelten als verbindlich, endgültig und unanfechtbar. Die Überprüfung der Verfassungsmäßigkeit einer Rechtsnorm kann vom Präsidenten, von einem Zehntel der Parlamentsabgeordneten, vom Obersten Gericht, vom Parlamentsbeauftragten für Menschenrechte und vom Parlament der Krim beim Verfassungsgericht beantragt werden."* (Pleines 2007: 7).

Der Verfassungsgerichtshof ist nur dann eine wirkliche demokratische Instanz, wenn er in der Lage ist, von jeglichem Einfluss frei und unbestimmt zu arbeiten. Schon aber zu Kučmas Zeiten galt er als politisiert, da der Präsident u. a. die Verfassungsrichter bestimmt hatte (Pleines 2007: 7). Nach der „orangen" Revolution wurde dieser anstatt frei arbeiten zu können, während des Verfassungskonfliktes von 2005–2007 mehr oder weniger paralysiert und war nicht in der Lage zu arbeiten (BTI 2008a).

Resümee

„*Macht wird in der Ukraine nicht durch Recht eingehegt, das Recht wird durch die Mächtigen zurechtgebogen"* lautet eine Schlussfolgerung des österreichischen Politologen Gerhard Mangott (2007: 7) über die politischen Zustände nach der „orangen" Revolution. Man kann nach dieser „demokratischen" Wende, deren Hauptakteure Präsident Juščenko und die Regierungschefin Tymošenko waren, behaupten, dass die Ukraine auf Grund der zahlreichen Teilnahmen an den Protesten gegen das ehemalige Regime und die Wahlfälschungen einen demokratischen Weg einschlagen wollte, doch eben diese „Demokraten" haben sich nicht an politische „Spielregeln" halten können und gefährden somit die politische Stabilität.

Angemerkt werden muss, dass es einen gemeinsamen Konsens zwischen Tymošenko, Juščenko und Janukovič zu Themen, die die rechtsstaatliche *Festigung* der Ukraine gefährden wie etwa die Abschaffung der *„extrem ausgeweiteten Abgeordnetenimmunität*[en]*, die (...). Schutz gegen jegliche Verletzung von Gesetzen biet*[en]*"* (Segert 2007: 10), gibt.

Zwar ist dies ein gemeinsamer Ansatz, ein Tropfen auf dem heißen Stein bleibt es aber immer noch, solange kein alle politischen Probleme umfassender Konsens unter den Politikern herrscht.

„Bestandsaufnahme" des Rechtsstaates anhand von politischen Länderratings

Eine durchaus gute Methode demokratische Grundwerte und rechtsstaatliche Entwicklung in Transitionsländern zu messen, bieten die politischen Länderratings. Anhand der diversen Indizes lassen sich aussagekräftige Vergleiche zu anderen Transitionsländern herstellen, um durch diese, Rückschlüsse zur Rechtsstaatlichkeit, Demokratie etc. gewisser Länder und politischer Systeme herstellen zu können.

Zwar werden die meisten Indikatoren und Länderratings von Experten (Journalisten, Wissenschaftler etc.) erarbeitet und sind somit alle subjektiv *behaucht*, doch die meisten etablierten Indizes wie etwa der *Bertelsmann Transformation Index*, der 40 Indikatoren beinhaltet, oder der *Corruption Perception Index* von Transparency International, der Analysen anhand von Meinungsumfragen erstellt, können durchaus plausible Analysen ermöglichen (vgl. u. a. Pleines 2008: 8).

Im folgenden Abschnitt werden die politischen Länderrating-Indizes sowie deren Ukraine-Ergebnisse kurz präsentiert[15] und analysiert, um genaue Rückschlüsse auf die Entwicklung der Rechtsstaatlichkeit in der Ukraine ziehen zu können.

Bertelsmann Transformations Index (BTI)

Der BTI ist ein alle 2 Jahre erscheinender, 125 Transformations- und Entwicklungsländer umfassender Index. Der Status-Index ist ein Mittelwert von Messungen zur „politischen Transformation" und zur „Transformation zur Marktwirtschaft", die wiederum den Mittelwert von mehreren Indikatoren bilden. Bei der Messung konnten max. 10 Punkte erreicht werden.

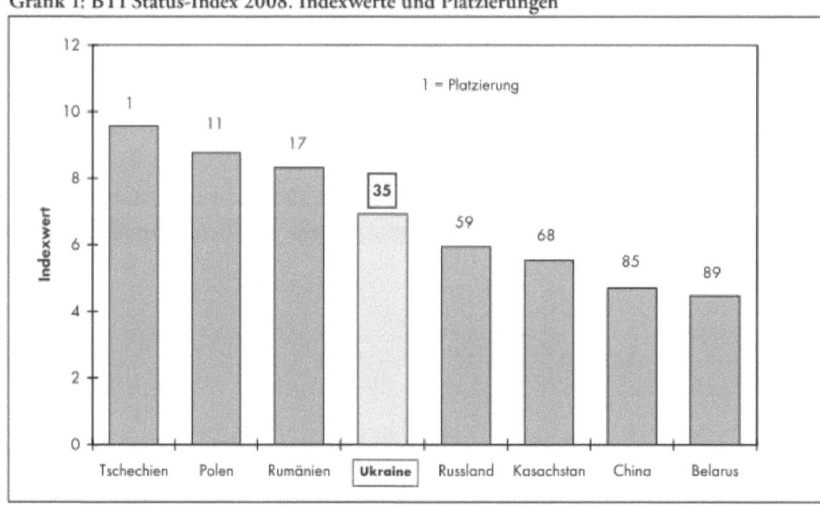

Grafik 1: BTI Status-Index 2008. Indexwerte und Platzierungen

Für das Jahr 2008 reiht der Status-Index die Ukraine auf Platz 35 mit 6,93 Punkten ein, die somit weit hinter den anderen europäischen Transformationsländern liegt, aber weit besser als Russland.

---

[15] Alle Grafiken: Ukraine-Analysen 37/08: 11ff.

Verglichen zu den Jahren 2003 und 2006 zeigt sich jedoch eine kontinuierliche Verbesserung, wie die folgende Grafik zeigt:

Tabelle 1: BTI Status-Index 2003–2008. Indexwerte und Platzierungen

	2008 Indexwert (Platzierung)	2006 Indexwert (Platzierung)	2003 Indexwert (Platzierung)
Polen	8,76 (11.)	8,90 (9.)	9,4 (7.)
Ukraine	6,93 (35.)	6,96 (32.)	5,9 (44.)
Russland	5,94 (59.)	6,14 (47.)	6,0 (41.)
Kasachstan	5,53 (68.)	5,48 (66.)	5,1 (61.)
Belarus	4,47 (89.)	4,47 (83.)	3,9 (85.)

Freedom House

Die Analysen von Freedom House erscheinen jährlich und umfassen fast alle Länder der Welt. Die Daten werden von vielen Quellen wie etwa Expertenkommissionen, NGOs, wissenschaftlichen Analysen etc. bezogen. Freedom House hat Indizes für sehr viele *Charakteristika* eines Rechtsstaates wie etwa den Index „Political Rights" für die Messung der politischen Rechte oder den Index „Wahlen", der die Abhaltung von freien Wahlen analysiert. Im Folgenden sollen einige dieser Indizes von Freedom House präsentiert und analysiert werden, um den rechtsstaatlichen Entwicklungsprozess möglichst genau bewerten und vergleichen zu können.

Political Rights

Grafik 3: Freedom in the World: Political Rights 2007

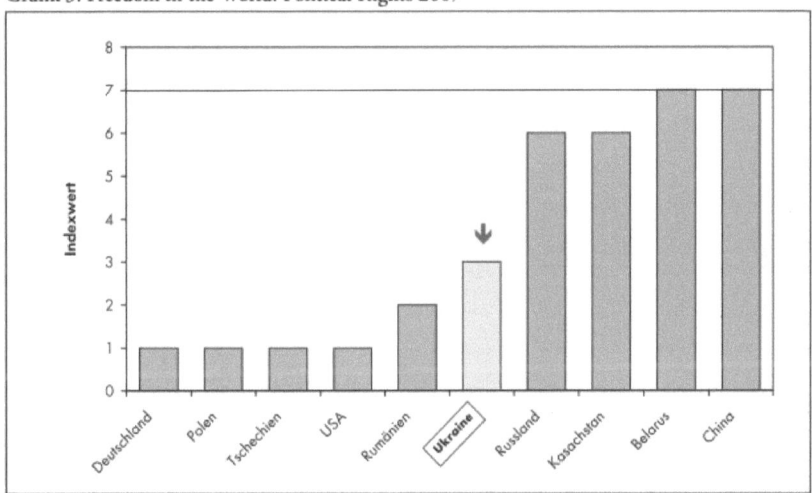

Bei den politischen Rechten (von 2007) zeigt sich, ähnlich wie bei dem BTI Status-Index, eine große Diskrepanz zwischen Russland und den restlichen europäischen Transformationsländern. Während Tschechien und Polen sich auf einem Niveau befinden wie Deutschland oder die USA, ist die Ukraine weit dahinter, jedoch noch deutlich vor Russland.

Nationales Regierungssystem

Bei der Untersuchung des nationalen Regierungssystems zeigt sich ebenfalls ein großes Gefälle zwischen der Ukraine und Ländern wie z. B. Tschechien. Zwar deutet der relativ hohe Indexwert von ca. 4,7 Punkten von max. 7 auf autoritäre Tendenzen hin, ist aber weit besser als der russische Wert, der mit über 5 Punkten geführt wird.

Grafik 9: Freedom House: Nationales Regierungssystem 2007

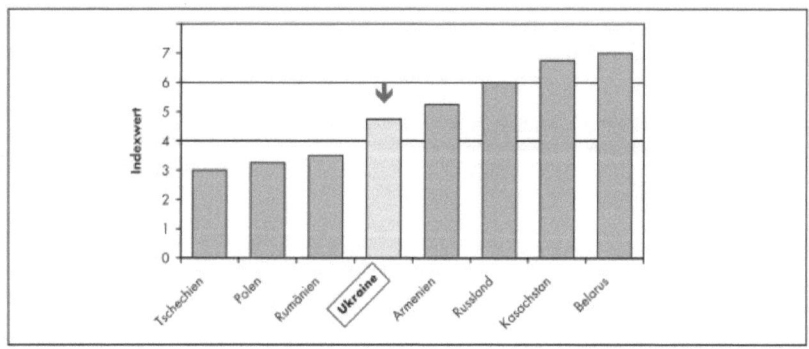

Conclusio

Zusammenfassend kann gesagt werden, dass die Ukraine ihre Transformation bzw. Transition zu einem Rechtsstaat noch nicht komplett abgeschlossen hat. Zwar kann man die genauen Gründe nur vage bestimmen, doch die im zweiten Kapitel bearbeitete *Rolle der Zivilgesellschaft* in diesem Transformationsprozess zeigt sehr deutlich, dass insbesondere eine sehr schwach ausgeprägte Zivilgesellschaft, die besonders von einem geringen Maß politischer Partizipation geprägt ist, das Kravčuk- und Kučma-Regime „am Leben gehalten" hat.

Die autoritäre Amtszeit Kučmas hätte wohl kaum so lange in einem Land, wo das Nationalbewusstsein und die Zivilgesellschaft besonders stark sind wie etwa in Polen, „überleben" können.

Erst die sehr späte „orange" Revolution, die eine Art „Erwachen" bzw. Formierung des Nationalbewusstseins und der Zivilgesellschaft war, hat zu einem gewissen „Wandel" geführt. Dieser Wandel wurde größtenteils von der Jugend, die sich nach einer besseren Zukunft sehnt, getragen. Das ganze Land geeint, hat er jedoch nicht, wenn man sich die geographische Verteilung der Stimmen für die pro-russischen und pro-westlichen Parteien anschaut. Im Osten des Landes machen sich noch die „Folgen" der langen russischen Herrschaftszeit bemerkbar[16].

Auch nach der Machtübernahme Juščenkos, der stark vom Westen gestützt wurde, blieben viele der erwarteten Besserungen aus. Stattdessen haben die „oran-

---

[16] Siehe dazu Shulman 2002 und 2006.

gen" Parteien, so schien es, zumindest im Nachhinein die Regeln nur bei Bedarf zur eigenen Machtsicherung genutzt, standen sie jedoch „im Weg", wurden sie gebrochen. Das Paradebeispiel hierfür ist sicherlich die verfassungswidrige Auflösung des Parlaments durch den Präsidenten Juščenko.

Ausblick

Die zukünftige politische Lage in der Ukraine vorherzusagen, scheint mir, besonders im Zuge der weltweiten Wirtschafts- und Politikkrise, als unmöglich. Meiner Meinung nach wird sich die momentane politische Stabilität nicht weiter festigen, da es immer noch die Pläne eines NATO-Beitrittes gibt und diese sicherlich auf starkes Unbehagen in den östlichen Teilen des Landes stoßen werden. Die wirtschaftliche Stabilität des Landes konnte seitens der ukrainischen Politiker halbwegs hergestellt und erhalten werden, was sich besonders in den Wachstumsraten des BIP widerspiegelt.

Bibliographie

Bondar, Andrij (2004): Vergewaltigte Demokratie, in: Frankfurter Allgemeine Zeitung, Nr. 275, S. 33

Bos, Ellen (2004): Das politische System der Ukraine, in: Ismayr, Wolfgang (Hg.): Die politischen Systeme Osteuropas. Wiesbaden, S. 472ff

BTI (2008a): Ukraine Country Report. Gütersloh: Bertelsmann Stiftung, 2007.

BTI (2008b): Czech Republic Country Report. Gütersloh: Bertelsmann Stiftung, 2007.

BTI (2008c): Russia Country Report. Gütersloh: Bertelsmann Stiftung, 2007.

CPI (Corruption Perception Index) (1998): The Corruption Perceptions Index (1998), online auf: http://www.transparency.org/policy_research/surveys_indices/cpi/previous _cpi__1/1998 (Zugriff 03. 06. 2009)

FfP (Fund for Peace) (2006): Ukraine. Online auf: http://www.fundforpeace.org/web/index.php?option=com_content&task=vi ew&id=17&Itemid=80 (Zugriff 04.06.2009)

Forbrig, Joerg; Shepher Robin (2008): Introduction, in: Forbrig, Joerg; Shepher Robin (Hrsg.): Ukraine after the Orange Revolution. Strengthening European and Transatlantic Commitments. Washington: The German Marshall Fund of the United States

Freundel, Natascha (2007): Wer sind wir denn? Von der Revolutionshauptstadt Kiew zur Industriestadt Saporoshje, online auf: http://www.bpb.de/themen/16IUHP,0,Wer_sind_wir_denn.html (Zugriff am 31.10.2008)

Kappeler, Andreas (2000): Kleine Geschichte der Ukraine. 2. akt. Auflage, München: Beck Verlag

Mangott, Gerhard (2007): Oranges Pharisäertum, in: , in: Ukraine-Analysen 22/07. DGO. Forschungsstelle Osteuropakunde. S. 7-8 Online auf: http://www.laender-analysen.de/ukraine/pdf/UkraineAnalysen22.pdf (Zugriff 31.10.2008)

NRCU (2009): Ex-Präsident Kutschma bezweifelt Gongadze-Mord. Vermisster Journalist noch am Leben? Online auf:

http://www.nrcu.gov.ua/index.php?id=475&listid=86416 (Zugriff 05.06.2009)

Pleines, Heiko (2007): Dokumentation. Das ukrainische Verfassungsgericht, in: Ukraine-Analysen 26/07. DGO. Forschungsstelle Osteuropakunde. S. 7-8 Online auf: http://www.laender-analysen.de/ukraine/pdf/UkraineAnalysen26.pdf (Zugriff 31.10.2008)

Pleines, Heiko (2008): Die Ukraine in politischen Länderratings. Einleitung, in: Ukraine-Analysen 37/08. DGO. Forschungsstelle Osteuropakunde. S. 8-9 Online auf: http://www.laender-analysen.de/ukraine/pdf/UkraineAnalysen37.pdf (Zugriff 31.10.2008)

Schroeder, Friedrich-Christian (2008): Die Etablierung der Rechtstaatlichkeit in der Ukraine, in: Bernd Rill (Hrsg.): Die Ukraine - Partner der EU. München: Hanns-Seidel-Stiftung, Akad. für Politik und Zeitgeschehen

Seger, Dieter (2007): Rechtsnihilismus und Entfremdung der politischen Klasse von der Gesellschaft als Quelle politischer Turbulenzen, in: Ukraine-Analysen 22/07. DGO. Forschungsstelle Osteuropakunde. S. 9-11 Online auf: http://www.laender-analysen.de/ukraine/pdf/UkraineAnalysen22.pdf (Zugriff 03.06.2009)

Shulman, Stephen (2002): Sources of Civic and Ethnic Nationalism in Ukraine, in: Journal of Communist Studies and Transition Politics, Jg. 18. Nr. 4, 1-30

Shulman, Stephen (2005): National Identity and Public Support for Political and Economic Reform in Ukraine, in: Slavic Review, Jg. 64, Nr. 1. S. 59-87

Simon, Christine; Tiede, Wolfgang (2008): Analyse. Das ukrainische Kabinettsgesetz, in: Ukraine-Analysen 37/08. DGO. Forschungsstelle Osteuropakunde. S. 2-5 Online auf: http://www.laender-analysen.de/ukraine/pdf/UkraineAnalysen37.pdf (Zugriff 31.10.2008)

Tarasyuk, Borys (2008): Preface, , in: Forbrig, Joerg; Shepher Robin (Hrsg.): Ukraine after the Orange Revolution. Strengthening European and Transatlantic Commitments. Washington: The German Marshall Fund of the United States

Vira, Nanivska (2001): NGO Development in Ukraine. Kiev: International Centre for Policy Studies

Whitmore, Sarah (2007): Man spielt mit den Regeln und nicht nach den Regeln. Politische Ungewissheit in der Ukraine, in: Ukraine-Analysen 19/07. DGO. Forschungsstelle Osteuropakunde. S. 2-5 Online auf: http://www.laender-analysen.de/ukraine/pdf/UkraineAnalysen19.pdf (Zugriff am 31.10.2008)

Wolczuk, Kataryna (2001): The Moulding of Ukraine. The Constitutional Politics of State Formation. Budapest: CEU Press

**Die zivilgesellschaftliche Komponente der Demokratisierung
Belarus und Ukraine im Vergleich
von Veronika A. Bach (2010)**

Einleitung und Fragestellung

Die vorliegende Arbeit befasst sich mit dem Themenschwerpunkt Systemwandel. Dabei wurden im Rahmen eines most similar case design zwei Länder Osteuropas ausgewählt, die Ukraine und Belarus. Beide Länder sind nach der Theorie der dritten Demokratisierungswelle von HUNTINGTON (1991: 110 ff.) Transformationsstaaten der dritten Demokratisierungswelle, entstanden aus dem Einparteiensystem Sowjetunion. Neben weitgehend ähnlichen abhängigen Variablen, wie der Art der Staatsgründung, hier einer Neugründung von Staaten als Form der Ablösung des autoritären Vorgängerregimes, gibt es vor allem auch einen Unterschied, der hier untersucht werden soll. Die abhängige differierende Variable in meiner Betrachtung stellt den unterschiedlichen Fortschritt der Transition dar, der bis heute zu verzeichnen ist. Belarus ist auf Grund der rückläufigen Entwicklung seit 1996 ein besonders interessanter Fall. Die Ukraine eignet sich dabei gut als Vergleichsland, da sie als direkter Nachbarstaat trotz gleicher Voraussetzungen eine andere Entwicklung durchgemacht hat.

Zunächst sollen die beiden Länder systemtransformations-theoretisch eingeordnet werden. Für die Einordnung orientiere ich mich an den Ergebnissen von MERKEL u. a. und deren Konzept der embedded democracy (vgl. MERKEL 2010: 30 ff.).

Belarus gilt heute nicht mehr als Demokratie, sondern hat sich nach 1996 unter dem Regime von Aleksandr Lukaschenka zu einer Präsidialdiktatur zurückentwickelt (vgl. u. a. TIMMERMANN, 1997 und MERKEL, 2010). Gleichwohl war die Verfassung von 1994 ein Dokument, in dem demokratische Grundwerte festgeschrieben waren, und damit ein erster Schritt in Richtung demokratischer Konsolidierung. In der Verfassung verankert wurden damals formal die acht Demokratiekriterien nach Robert DAHL (2000: 35–40). Nach der Verfassungsänderung 1996 wurden diese Kriterien weitgehend ausgeschaltet und sind heute keineswegs mehr politische Realität in Belarus. Man kann von einer Stagnation innerhalb des autoritären Systems sprechen, die Gegenwelle zur dritten Demokratisierungswelle (nach MERKEL) war in Belarus erfolgreich.

Bezüglich der Ukraine spricht die Forschung von einer „defekten Demokratie", in dem Sinne, dass nach dem Konzept der embedded democracy Teilsysteme der Demokratie beschädigt sind. Die Orangene Revolution im Jahr 2004, bei der es zu friedlichen Massenprotesten kam, stellte einen Meilenstein im Demokratisierungsprozess der Ukraine dar, ausgelöst durch die Zivilgesellschaft. Jedoch kann im Nachgang keineswegs von einer befriedigenden weiteren Konsolidierung der Demokratie die Rede sein. Streitigkeiten innerhalb der politischen Eliten verhinderten, dass der durch die Zivilgesellschaft gestärkte Demokratisierungsprozess stark fortschreiten konnte. Und so ist die Lage zwar verbessert, Wahlen entsprechen nun weitgehend demokratischen Standards (vgl. OSCE 2007). Andere Teilsysteme sind aber noch immer als defekt zu bezeichnen. So ist beispielsweise eine kritische Medienöffentlichkeit nach wie vor nicht derart gegeben, dass die Medien als „vierte Gewalt" gelten könnten. (Auswärtiges Amt, 2010)

Ein Blick auf den Demokratie Status Index der BERTELSMANN-Stiftung (2008) bestätigt die unterschiedliche Demokratisierung der beiden osteuropäischen Länder: die Ukraine kommt auf einen Demokratie Status Index von 7.35, Belarus dagegen nur auf 3.93.

Was ist nun die Ursache für den unterschiedlich fortgeschrittenen Demokratisierungsprozess? In der Transformationsphase der Konsolidierung, in der sich die Ukraine noch immer befindet und Belarus sich rückläufig entwickelte, die also in beiden Fällen nicht abgeschlossen ist, betrachte ich für diese Arbeit ausschließlich die Ebene vier nach MERKEL (2010), also die Konsolidierung der Bürgergesellschaft. Eine junge Demokratie, wie sie bis 1996 Belarus war und die Ukraine noch immer ist (wenn auch mit defekten Zügen), kann überleben, wenn die anderen drei Ebenen der Konsolidierung, also die konstitutionelle, repräsentative und die Verhaltenskonsolidierung innerhalb der Eliten abgeschlossen ist. Eine langfristige Stabilisierung kann jedoch nur dann gelingen, wenn eine solide Staatsbürgerkultur etabliert ist. (MERKEL, 2010: 124 ff.) Auf der anderen Seite aber kann eine starke Zivilgesellschaft die Konsolidierung auf den anderen Ebenen durchaus vorantreiben und stützen, gar provozieren.

Die Fragestellung der vorliegenden Arbeit lautet aus diesem Zusammenhang heraus:

Korreliert der unterschiedliche Demokratisierungsfortschritt der Ukraine und Belarus mit einer unterschiedlich stark entwickelten Zivilgesellschaft in den beiden Ländern?

Der Mobilisierungsgrad der Zivilgesellschaft und deren Einflussmöglichkeiten auf das politische System in der Ukraine haben sich während der Orangenen Revolution 2004 eindrucksvoll gezeigt. Eine ähnliche Entwicklung in Belarus hat es nicht gegeben. Meine Hypothese lautet daher, dass der Grad der Entwicklung der Zivilgesellschaft in Belarus schwächer ist als in der Ukraine und eine weitere Demokratisierung auf dieser Basis in beiden Ländern, ohne weitere Entwicklung der Zivilgesellschaft, nicht zu erwarten ist. Dabei ist in Bezug auf das politische System und die politischen Akteure eine ceteris paribus-Annahme zu treffen, also die Annahme, dass sich diese Faktoren nicht verändern.

Um meine Hypothese zu prüfen, will ich in der vorliegenden Arbeit wie folgt vorgehen. Zunächst müssen einige grundlegende Begriffsdefinitionen getätigt werden. Daraufhin werde ich untersuchen, wie stark entwickelt nach der gewählten Definition die Zivilgesellschaft in Belarus und der Ukraine ist. Danach werde ich kurz auf einige Ergebnisse der externen Demokratieförderung mittels der so genannten bottom-up-Strategie eingehen, also der Strategie der Demokratieförderung, die explizit die Zivilgesellschaft anspricht, diese stärken und mobilisieren soll. Damit versuche ich, meine vorangegangene Einordnung der Stärke der Entwicklung der Zivilgesellschaft zu untermauern und zu belegen. Mit dem Ergebnis dieser Betrachtungen möchte ich zuletzt eine Aussage darüber treffen können, ob es zur (weiteren) Demokratisierung eine stärkere Förderung der Zivilgesellschaft mittels externer Akteure braucht, oder ob die Stärke der Zivilgesellschaft jeweils ausreicht, die Demokratisierung ohne externe Hilfe voranzutreiben. Es wird also insgesamt eine akteurszentrierte Perspektive gewählt.

Die akademische Problematik der Demokratieförderung wurde von MERKEL (2010: 436 ff.) dahingehend beschrieben, dass es bis dato keine grundlegende Theorie dazu gibt, ebenso mangelt es an Strategievergleichen und anderen Untersuchungen. Ich halte es daher für notwendig, sich Teilbereichen der Demokratieförderung, hier der Strategie der bottom-up-Förderung und damit explizit dem Faktor Zivilgesellschaft, zunächst praktisch zu nähern, indem ihre Wirkungsweise und ihre Rahmenbedingungen näher untersucht werden. Einen ersten Schritt in diese Richtung will ich mit dieser Arbeit machen.

Schlüsselbegriffe und Definitionen

Unter „Zivilgesellschaft" soll in dieser Arbeit die Verflechtung von civic culture, also die Einstellungen und Werte in der Bevölkerung, mit der civil society gelten, die sich mehr auf das Handeln der Bürger in Bezug auf Staat und Gesellschaft bezieht. Der Einfachheit in der Verwendung halber soll hier also unter „Zivilgesellschaft" beides verstanden werden, insbesondere deswegen, weil Voraussetzung für das Handeln der Bürger ihre Einstellungen und Werte sind. Die Stärke der Entwicklung dieser Zivilgesellschaft ist schwierig zu messen. WESSELS hat 2003 eine Definition vorgelegt, die aus den Dimensionen „Mitgliedschaft in gesellschaftlichen Organisationen", „Vertrauen in politische Institutionen und Akteure" und „Grad des sozialen und politischen Engagements" einen Index entwickelt, der diese Stärke bemisst. Diese Definition ist für meine Betrachtungen nicht zielführend, da insbesondere in Ländern ohne konsolidierte Demokratie das Vertrauen in politische Institutionen und Akteure kein Zeichen dafür ist, dass diese Gesellschaft die Kraft zur Veränderung des Systems hat. Vielmehr könnte in solchen Ländern auch die Skepsis gegenüber den bestehenden Institutionen und Akteuren ein Faktor sein, der die zivilgesellschaftliche Stärke bemisst.

In einer von mir selbst getroffenen Definition, die vor allem operationalisierbar in Hinblick auf Demokratieförderung sein soll, machen drei Kriterien eine entwickelte Zivilgesellschaft aus:

- Existenz einer kollektiven Identität innerhalb der Bevölkerung
- Grad des politischen Interesses, des Interesses an Demokratie als System für das eigene Land und der Grad des politischen Engagements
- Existenz von Assoziationen und Interessengruppen

Dem abstrakten Begriff „kollektive Identität", als Kriterium für eine entwickelte Zivilgesellschaft, lege ich folgende Definition von SCHMIDT (2004: 307) zu Grunde:

> „Identität: (von lat. Identitas = Wesenseinheit) in der Sozialpsychologie das Einssein eines Individual- oder Kollektivakteurs mit seinen Rollen und seiner Verortung in Gesellschaft und Politik. [...]"

Eine kollektive Identität legt nach meiner Lesart den Grundstein für ein zivilgesellschaftliches Selbstbewusstsein. Denn nur das Bewusstsein, die Zugehörigkeit zu einem größeren Ganzen zu haben, kann als Basis dafür dienen, diese Gruppe eventuell auch zum einheitlichen (in diesem Fall demokratischen) politischen Handeln zu mobilisieren.

Nach Klärung der Begrifflichkeit der Zivilgesellschaft ist noch der Begriff der „Demokratieförderung" zu klären. Hierzu ziehe ich die Wolfgang MERKEL (2010) entnommene, auf SANDSCHNEIDER (2003: 10) aufbauende Definition heran:

> „Demokratieförderung umfasst das Gesamt aller Handlungen externer Akteure, [...] die intentional darauf ausgerichtet sind, autoritäre Herrschaftsformen und Regierungsweisen zu überwinden, indem sie all jene Institutionen, Organisationen, Bewegungen und Initiativen in Politik, Wirtschaft und Gesellschaft des Ziellandes unterstützen, die einen Beitrag zur Demokratisierung leisten. Der Ansatz der Förderer kann „top down" auf die staatlichen Institutionen oder „bottom up" auf gesellschaftliche Initiativen gerichtet sein. [...]"

Die so genannte bottom-up-Strategie bezieht sich auf den Grundsatz, dass alle Demokratie vom Volke ausgeht. Das Förderobjekt ist hier also die Zivilgesellschaft, die gestärkt werden soll um die Demokratie zu etablieren und zu konsolidieren (vgl. MERKEL, 2010: 464 ff.).

Die Zivilgesellschaft in Belarus und Ukraine

Grad der Entwicklung

Dass nur entwickelte Zivilgesellschaften Demokratie stärken können, entspricht der Sicht der von der kritischen Theorie beeinflussten Konzepte. Sie stellen die Verschmelzung von Zivilgesellschaft und Demokratie in den Mittelpunkt. (nach HABERMAS u. a., entnommen MERKEL, 2010) Das bedeutet aber im Umkehrschluss, dass dort, wo Demokratien sich nicht etablieren und konsolidieren können, eine mangelhaft entwickelte Zivilgesellschaft existieren muss.

Für eine funktionierende Zivilgesellschaft, die politisch aktiv werden kann, sind, wie eingangs definiert, drei Kriterien ausschlaggebend, die Existenz einer kollektiven Identität, der Grad des politischen Interesses und Engagements und der Grad des Interesses an Demokratie als System für das eigene Land, sowie die Existenz von Assoziationen und Interessengruppen.

Eine Identitätsausprägung ist Voraussetzung, denn sie bildet erst die Grundlage für ein politisches Selbstverständnis. Nur wenn die Bevölkerung sich als ein Kollektiv versteht, können sich wirksame Strukturen ausbilden, wie politische

Zusammenschlüsse und Bewegungen, die dann ihrerseits auch Veränderungen im System einfordern. Dabei kann auch eine ausgeprägte nationale Identität die erste Grundlage für weitergehende Identitätsausprägungen sein, zum Beispiel das Selbstverständnis einer demokratischen Gesellschaft. Die Chance auf Ausprägung einer nationalen, und damit kollektiven (und später vielleicht demokratischen) Identität misst sich nach Ansicht der Autorin vor allem an drei Faktoren, nämlich eine gemeinsame Kultur und Geschichte, eine gemeinsame (Alltags-)Sprache und eine relativ homogene Bevölkerungsstruktur, letztere mit eher geringerem Gewicht als die ersten beiden Faktoren[17]. Erst wenn ein gewisses Maß an kollektiver Identität vorhanden ist, kann sich überhaupt erst eine zivilgesellschaftlich-demokratische Identität ausbilden.

Das zweite Kriterium für die zivilgesellschaftliche Entwicklung, der Grad des politischen Interesses und des Interesses an Demokratie im eigenen Land, soll vor allem durch einschlägige Umfragewerte gemessen werden. Diese geben hier den besten Aufschluss über die Befindlichkeiten der Bevölkerung und zeigen an, wie stark die Grundlage für politisches Engagement und Mobilisierungsfähigkeit allgemein ist. Das Maß an politischem Engagement kann man unter anderem dem entnehmen, wie viel Prozent der Bevölkerung Mitglied in politischen Parteien sind. Allein die Mitgliedschaft in politischen Parteien zu betrachten halte ich hier nicht für sinnvoll, da dies voraussetzen würde, dass mit einer der vorhandenen Parteien auch eine politische Identifikation besteht. Daher vorab die Betrachtung, wie die grundsätzliche Einstellung der Bürger zur politischen Teilhabe ist.

Das dritte Kriterium ist relativ konkret in Zahlen zu beziffern, und damit objektiv zu messen. Es ist deswegen wichtig zu betrachten, weil eine Aussage darüber getroffen werden kann, wie stark die Gesellschaft in der Lage ist, sich (auch politisch) zu mobilisieren. Dabei spielen NGOs (Nicht-Regierungs-Organisationen), Interessengruppen und Bürgerrechtsbewegungen eine Rolle, um die Bevölkerung überhaupt effektiv organisieren zu können.

---

[17] Eine sowjetische Identität ist im hier untersuchten Sinne keine für eine demokratische Zivilgesellschaft brauchbare kollektive Identität, da sie zum einen in der unwiederbringlichen Vergangenheit lebt, und zum anderen autoritär geprägt ist und eine Gegenentwurf zur Idee der Zivilgesellschaft darstellt. (vgl. VON BEYME, 1994 S. 108 ff).

Belarus

Kollektive Identität:

In Belarus gibt es bis dato keine klare nationale Identität in der breiten Bevölkerung. Dies ist vor allem historisch bedingt. Belarus bestand fast nie als eigener Staat, ausgenommen einer kurzen Phase zwischen 1917 und 1918. Es bestehen keine Mythen und Symbole, auf die sich eine eigenständige nationale Identität beziehen könnte, d. h. die Grundlage für ein gemeinsames Geschichts- und Kulturverständnis böten. Belarus war bis auf den kurzen Zeitabschnitt 1917/18 immer Teil eines anderen Reiches, zuletzt der Sowjetunion. Ebendiese hat, was Spuren in der belarussischen Bevölkerung hinterlassen hat, unter Stalin und Breschnew Belarus als Experimentierfeld für die sowjetische Nationalitätenpolitik missbraucht. Dabei versuchte die sowjetische Regierung, die Schaffung eines „homo sovjeticus" zu erproben. Mit dem teilweisen Erfolg dieser Maßnahme lässt sich auch erklären, dass die Sympathie zur Sowjetunion in der breiten belarussischen Bevölkerung noch heute stark ausgeprägt ist und eine Trennung zu Russland als unnatürlich empfunden wird (HOLTBRÜGGE, 2002). Sicher auch Ausdruck der mangelnden nationalen Identität war, dass sich 1990 im Rahmen der Wahlen zum Obersten Sowjet 83 % der belarussischen Bevölkerung für den Erhalt der Sowjetunion aussprachen. Der Durchschnitt aller sowjetischen Länder lag bei 76 %. (LAUZANNE, 2005)

In Belarus ist belarussisch erste, und russisch zweite Amtssprache. Für die Einführung des Russischen als gleichberechtigte zweite Amtssprache haben sich die Belarussen im Referendum 1995 ausgesprochen. Im Alltagsgebrauch ist das Belarussische weit hinter die russische Sprache zurückgetreten, wie Tabelle 1 eindrucksvoll zeigt – insbesondere auch im Vergleich zum Nachbarstaat Ukraine. Im Jahr 2000 sprachen im Alltag nur 23 % der Bevölkerung belarussisch, das Russische dominierte mit 70 %.

	Belarus	Ukraine
Sprache im Titel (belarussisch/ukrainisch)	23 %	51 %
Russisch	70 %	44 %
Andere	6 %	4 %

Tabelle 1 „Welche Sprache sprechen Sie normalerweise zuhause?"
Quelle: Löwenhardt, John 2005: „Belarus and the West", in: White, Stephen / Elena Korosteleva / John Löwenhardt (Hrsg.): Postcommunist Belarus; Oxford: 143.
(Tabelle wurde hier in gekürzter Form dargestellt)

Die Bevölkerung ist unterdessen relativ homogen, ca. 78% Belarussen, 13 % Russen, 4 % Polen und 3 % Ukrainer waren 1991 zu verzeichnen. (TIMMERMANN, 1997) Gleichwohl wiegt diese Homogenität die negativen Voraussetzungen der geschichtlich-kulturellen und sprachlichen Identitätsfaktoren keineswegs auch nur annähernd auf. Dazu ist dieser Faktor allein zu schwach.

Grad des politischen Interesses und Engagements:

Insgesamt ist die Bevölkerung, in sowjetischer Tradition, wenig politisiert und weitgehend unbeteiligt. Politische Aktivitäten gehen meist nur von Jugendlichen und Intellektuellen aus.

Interessante Umfragewerte zum politischen Interesse der Bevölkerung in osteuropäischen Ländern liefert das New Europe Barometer von ROSE 2004. Demnach attestieren sich die Belarussen selbst zu insgesamt ca. 50 % ein recht großes bis sehr großes Interesse an Politik, als wenig bis gar nicht interessiert bezeichnen sich 49 %.

	Belarus	Ukraine
Very interested	4 %	20 %
Somewhat interested	46 %	41 %
A little interested	35 %	27 %
Not at all interested	14 %	13 %

Tabelle 2 How interested would you say you are in politics?
Quelle: Rose, Richard 2005: Insiders and Outsiders: New Europe Barometer 2004; Centre for the Study of Public Policy, University of Aberdeen. (Tabelle wurde hier gekürzt dargestellt).

Die Einstellung zur Demokratie ist nicht außerordentlich positiv, wie ebenfalls dem New Europe Barometer zu entnehmen ist. Demnach würden 63 % der Belarussen im Zweifelsfall tendenziell einem starken Führer einem demokratisch arbeitenden Parlament den Vorzug geben, dagegen sprechen sich lediglich 37 % aus. Das zeugt nicht von starkem Interesse an Demokratie und dem Willen zur Mitgestaltung, stattdessen soll „einer da oben" es zum Besten der Bevölkerung richten.

Die Mitgliedschaften in politischen Parteien sprechen eine ähnliche Sprache. Unter 5 % der Bevölkerung sind Mitglied einer politischen Partei, davon wiederum eine überwältigende Mehrheit in der kommunistischen Partei. (SIEFKES, 2003) Sicherlich spielt hier auch die massive Repression oppositioneller Kräfte in Belarus eine entscheidende Rolle. Die Angst vor Repression und staatlicher

Willkür behindert das Engagement der Bürger in Parteien und Organisationen, die der Regierung kritisch gegenüber stehen.

Assoziationen und Interessengruppen:

Das Europäische Parlament forderte die belarussische Regierung 2009 auf, dass diese:

> […] alle Hindernisse aus dem Weg räumt, die nichtstaatliche Organisationen in Belarus an einer ordnungsgemäßen Registrierung hindern, das Verbot der Nutzung privater Wohnungen als Anschrift zur Registrierung von Vereinigungen ohne Erwerbszweck aufhebt und den Präsidialerlass Nr. 533 vom 23. Oktober 2007 betreffend die Nutzung von Büros durch nichtstaatliche Organisationen und politische Parteien überprüft. […]" (EUROPÄISCHES PARLAMENT, Amtsblatt, 2010)

Die Gründung von NGOs und Interessengruppen ist in Belarus durch die Regierung stark erschwert. Die repressiven Mittel gegen diese Assoziationen sind enorm und reichen von Verboten, wie der Registrierung von Vereinigungen unter Privatanschriften bis zur Gängelung jeglicher Assoziationen durch Steuerbehörden. Entsprechend schwierig ist es für zivilgesellschaftliche Vereinigungen, frei zu arbeiten und eventuelle politische Kräfte zu mobilisieren. Eine verlässliche offizielle Zahl über solche Vereinigungen ist ebenfalls schwierig zu finden. Diejenigen politisch motivierten Organisationen, die es gibt, arbeiten häufig im Verborgenen und sind inoffizieller, ja illegaler Natur. Zusätzlich erschwert wurde 2005 auch die Möglichkeit der Unterstützung von Organisationen durch externe Akteure, die Hilfe wurde kurzerhand verboten. (BERTELSMANN-Stiftung, 2008a)

Die erschwerten Rahmenbedingungen in dem autoritären System und die historisch unterentwickelte politische Kultur lassen den Schluss zu, dass es wenige nichtstaatliche und nichtwirtschaftliche Assoziationen in Belarus gibt, insbesondere solche mit politischem Kontext. Gleichwohl waren 2008 immerhin 2000 NGOs offiziell registriert, und internationalen Schätzungen zufolge ca. weitere 2000 ohne Registrierung, also im Illegalen bzw. Halblegalen tätig. (ebenda)

Ukraine

Kollektive Identität:

Die Ukraine hat zum Teil andere Voraussetzungen. Auch hier bestand die längste Zeit zwar kein Nationalstaat, jedoch ist im Bewusstsein der ukrainischen Bevölkerung ein etwas stärkeres Nationsgefühl verankert, das bis ins 9. Jahrhundert zu Zeiten des Kiewer Reichs zurückgeht. Daran konnte auch die spätere geschichtliche Entwicklung, insbesondere Stalins Politik der Russifizierung nichts ändern, zumal unter Lenin in der 20er Jahren des 20. Jahrhunderts eine Politik der „Verwurzelung" betrieben wurde und den Ukrainern eine national-kulturelle Eigenständigkeit zugestanden wurde (vgl. BOS, 2004). Die Entwicklung einer nationalen Identität der Ukrainer hatte also bessere Chancen als die der Belarussen, wenngleich auch hier die Ausprägung nicht sehr stark ist.

Die einzige Amtssprache in der Ukraine ist ukrainisch. Daran konnten bislang auch Bestrebungen verschiedener politischer Kräfte nichts ändern, die Russisch gerne gleichberechtigt sehen würden. Insbesondere die Parteien der Orangenen Revolution lehnen aber eine Gleichberechtigung der russischen Sprache ab. Wie Tabelle 1 zu entnehmen ist, belegt eine Umfrage aus dem Jahr 2000, dass die ukrainische Sprache auch im Alltag stärker genutzt wird als die russische, wenn auch nicht wesentlich. Immerhin 51 % der Befragten gaben an, dass sie im Alltag gewöhnlich ukrainisch sprechen, 44 % dagegen, also wesentlich weniger als in Belarus, nutzten vor allem Russisch im Alltag.

Die ethnische Homogenität der Bevölkerung entspricht in etwa der von Belarus. Rund 77 % sind Ukrainer, der Anteil der Russen ist mit 22 % aber höher als in Belarus (was insbesondere mit dem Gebiet der Krim zusammenhängt), der Rest setzt sich aus zahlreichen anderen Nationalitäten zusammen.

Grad des politischen Interesses und Engagements:

Auch die politische Kultur in der Ukraine ist ebenfalls tendenziell, sowjetisch geprägt, immer eher passiv gewesen. Die anti-sowjetische Unabhängigkeitsbewegung RUCH war zwar maßgeblich am Systemwechsel 1990 beteiligt, trotzdem konnte diese Bewegung sich nicht halten und zerfiel in Einzelbewegungen, die innerhalb der Gesellschaft keine große Rolle mehr spielten. Die Gesellschaft schien danach lange mit sich selbst beschäftigt und politisch unterentwickelt. Mitglied in einer politischen Partei waren bis Anfang des 21. Jahrhunderts nur ca. 2 % der Gesellschaft. Laut USAID (2009) ist der Grad des Engagements der

Bevölkerung heute noch immer gering, nur 17% sind heute Mitglied in einer NGO oder einer Partei.

Noch im Jahr 2002 gaben bei einer Umfrage 92 % der Befragten an, sie gingen nicht davon aus, das Handeln von Regierung und Parteien beeinflussen zu können (LOHMANN, 2002b, zitiert nach BOS, 2004). Im Jahr 2004 überraschte dann eine politisierte Bevölkerung die Welt bei den Massenprotesten der Orangenen Revolution, hier wurde im großen Stil der politische Unmut geäußert. Es schien sich im Stillen doch eine politische Mobilisierung entwickelt zu haben, die die Kraft zur Demokratisierung des eigenen Landes zu haben schien. Dass die Erfolge langfristig betrachtet trotzdem mäßig sind, lässt sich mit einer gewissen Ernüchterung der Bevölkerung erklären. Die politischen Eliten reiben sich nach wie vor gegenseitig auf, weitere Fortschritte in der Konsolidierung der Demokratie lassen auf sich warten. MERKEL (2010) argumentiert diesbezüglich nach PLASSER et. al. (1997), dass die Erklärung dafür bei den Ernüchterungseffekten liegt, die bei der Bevölkerung auftreten, wenn diese die Grenzen ihrer tatsächlichen Einflussnahme sieht.

Die Ergebnisse des New Europe Barometer von ROSE 2004 zeigen für das politische Interesse der Ukrainer bessere Werte als für Belarus. Demnach bezeichneten sich im Jahr der Orangenen Revolution immerhin 61 % der Bevölkerung als politisch sehr interessiert bis interessiert. Der Rest zeigte wenig bis gar kein Interesse an Politik. Ebenfalls etwas positiver als in Belarus ist die Einstellung zur Demokratie zu bewerten. Die Umfragewerte lieferten die Aussage, dass 42 % der befragten Ukrainer der Aussage, ein starker Führer sei besser als ein demokratisch gewähltes Parlament, zustimmten bis stark zustimmten. Eine mittlere bis starke Ablehnung dieser Aussage wurde von 58 % bekräftigt – im Gegensatz zu 37 % der befragten Belarussen ein recht hoher Wert.

Assoziationen und Interessengruppen:

Einem Bericht der International Election Observer Mission zufolge wurde der Ukraine im Wahljahr 2004 eine relativ gut entwickelte Zivilgesellschaft bescheinigt. Als Grund wurde vor allem angeführt, dass es im Land eine Vielzahl von NGOs gab, die maßgeblich die Zivilcourage der Bevölkerung unterstützte. Bereits einige Jahre vorher, Ende 2000, Anfang 2001, wurden die Aktivitäten nichtstaatlicher und nichtwirtschaftlich orientierter Organisationen sichtbar, als es in Form von organisierten Jugendbewegungen Proteste gegen Präsident Kutschma gab. (SCHNEIDER-DETERS, 2008: 265 ff.)

Die Voraussetzungen für die Gründung von Zusammenschlüssen jeglicher Art sind in der Ukraine ungleich leichter als in Belarus, da die staatliche Repression und Kriminalisierung nicht stattfindet. Staatliche Eingriffe gegen Assoziationen sind gesetzlich untersagt. Entsprechend viel höher ist die Zahl von Zusammenschlüssen, Bewegungen und Organisationen, und entsprechend mehr Aktivität geht natürlich von ihnen aus. Häufig jedoch haben sie eher regionalen Charakter und sind allein dadurch in ihrem Wirkungsspielraum eingeschränkt. (vgl. BERTELSMANN-Stiftung 2008b) Kritik gab es mitunter daran, dass durch die starke Förderung externer Akteure, insbesondere finanzieller Art, gerade in der Ukraine auch NGOs neu gegründet wurden, wo nicht ersichtlich war, dass diese endogenen Prozessen entsprangen. Daher kann man einen gewissen Mobilisierungsgrad, den die Zivilgesellschaft zu haben scheint, in Form von finanziellen Anreizen von außen wieder abziehen. Dafür spricht auch, dass nach dem „NGO-Boom" der Orangenen Revolution die Mobilisierung der Massen wieder abgenommen hat, sich die Bürger also zum Teil wieder ins Private zurückzogen. (MERKEL 2010)

Im Jahr 2000 waren ca. 25.500 NGOs in der Ukraine aktiv (vgl. NANIVSKA 2001). Diese Zahl ist im Mittel bis heute weiter gestiegen, die ukrainische Regierung bezifferte sie im Jahr 2008 auf 43.859 (vgl. USAID 2009).

Erfolge der bottom-up-Demokratieförderung

In den osteuropäischen Staaten gab und gibt es eine Reihe von externen Akteuren, die als Demokratieförderer auftreten, darunter multilaterale Organisationen wie die UNO, die EU oder die Weltbank, aber auch zahlreiche westliche Länder, allen voran sind hier die USA zu nennen. Hier wird lediglich die bottom-up-Strategie der gezielten Förderung der zivilgesellschaftlichen Organisationen betrachtet, also eine Art Weiterentwicklung der Idee der Entwicklungshilfe (die es bereits in den 1960er Jahren gab). Gerade dieser Ansatz regte insbesondere in den USA den visionären Gedanken an, die ehemals sozialistischen Länder nach westlichem Vorbild demokratisch zu formen, indem man die so lange unterdrückte Zivilgesellschaft nachhaltig unterstützen wollte. Vor allem in den späten 1980er Jahren wurden so Programme aufgelegt, die Wahlen unterstützen sollten, Korruption bekämpfen und vor allem die Gesellschaft in „Seminaren" demokratisch bilden. Entwicklungsagenturen wie die USAID staffierten zu diesem Zwecke nationale und internationale NGOs mit Geldern aus, die zur Demokratieförderung genutzt werden sollten. Teilweise führte dies natürlich auch zu Problemen, da ein NGO-Boom ausgelöst wurde, und sich eigens NGOs in den Nehmerländern gründeten, wo eigentlich der bottom-up-Ansatz Strukturen fördern sollte, die endogen entstanden sind. (MERKEL, 2010: 464 ff.).

Belarus

Die wichtigsten Akteure der externen Demokratieförderung sind, in Belarus und Ukraine gleichermaßen, die US-amerikanische Regierung und Entwicklungsagenturen, der Europarat, die Europäische Union, sowie die OSZE. Die bottom-up-Strategie der USA war bislang vor allem darauf ausgerichtet, dass die demokratische Opposition im Land und NGOs unterstützt wurden. In den Jahren 1997 bis 2001 standen hierfür zwischen sieben und elf Millionen US-Dollar an USAID-Budget zur Verfügung. Private Stiftungen müssen hier noch hinzugerechnet werden. (vgl. LAUZANNE, 2005)

Weder der Europarat noch die Europäische Union haben in der bottom-up-Förderung in Belarus nennenswert mitgewirkt, obgleich gerade die EU die Unterstützung der Zivilgesellschaft explizit als Ziel der Förderung nennt. Dabei wird sich jedoch noch immer darauf beschränkt, dass der belarussischen Bevölkerung ungehinderter Zugang zu neutralen Informationen verschafft werden soll, und dass belarussische Studenten beim Studium im europäischen Ausland finanzielle Unterstützung erhalten sollen. (EUROPEAN COMMISSION, 2006a)

Der aktivste externe Demokratieförderer war bisher die OSZE, und tatsächlich sind hier auch ein paar Resultate vorzuweisen, die in die richtige Richtung zeigen. Die OSZE-Gruppe, 1997 mit Zustimmung der belarussischen Regierung gegründet, arbeitet sowohl mit Oppositionsparteien als auch mit zivilgesellschaftlichen Akteuren zusammen. Konkrete Fortschritte im zivilgesellschaftlichen Bereich waren dabei beispielsweise, dass im Vorlauf der Präsidentschaftswahlen 2001 eine Allianz gebildet wurde, an der verschiedene nichtstaatliche Organisationen wie Frauen- und Jugendverbände, Gewerkschaften und Menschenrechtsgruppen beteiligt waren. Aus dieser Allianz entsprang immerhin ein Gegenkandidat zur erneuten Kandidatur Lukaschenkas. Des Weiteren wurde ein „Zentrum für Europäische und Transatlantische Studien" an der „Europäisch-Humanistischen Universität in Minsk" aufgebaut, welches der politisch-demokratischen Bildung der Studierenden dienen sollte. Dass es gerade in einem Regime wie dem von Lukaschenka zu Rückschlägen der Demokratieförderung kommen kann, zeigt die Tatsache, dass diese Universität im Jahr 2004 per Dekret von Lukaschenka geschlossen wurde. (LAUZANNE, 2005; WIECK, 2002) Eine massive Stabilisierung und Mobilisierung der Zivilgesellschaft ist bis heute nicht festzustellen, wenn auch erste Schritte getan sind. Für eine Mobilisierung der Bevölkerung ähnlich der in der Ukraine zur Zeit der Orangenen Revolution hat es bisher nicht gereicht. Das hat zum einen mit den politischen Strukturen und Angst vor massiver Repression zu tun. Seit 2005 ist die Lage auch für externe Akteure zusätzlich erschwert worden. Ein weiterer Grund ist sicherlich die nicht sehr stark entwickelte Zivilgesellschaft, der (noch) der Mut fehlt, sich gegen das System zu erheben.

Ukraine

Zwischen der Ukraine und westlichen Ländern, sowie supranationalen Organisationen wie der EU bestehen weitaus bessere Beziehungen, als dies bei Belarus der Fall ist. Dies hängt selbstverständlich auch mit den bisherigen Erfolgen der externen Demokratieförderung zusammen. So wird die Ukraine nicht sanktioniert, sondern im Gegenteil, sie ist seit 2008 sogar mit der Europäischen Union in vertragliche Beziehungen getreten, indem ein Assoziierungsabkommen geschlossen wurde.

Im Rahmen der Europäischen Nachbarschaftspolitik, kurz ENP, hat sich die Europäische Union zur Aufgabe gemacht, die Demokratie in den an die EU angrenzenden Ländern zu fördern. Auch die bottom-up-Strategie spielt hier eine Rolle. Jedoch wird vor allem auf die top-down-Strategie gesetzt (vgl. EUROPÄISCHE KOMMISSION, 2004 und 2006b).

Die größten Erfolge kann man sicherlich der bottom-up-Förderung der US-Regierung und ihrer Entwicklungsagenturen zuschreiben. Als sich im November 2004 nach massivem Wahlbetrug die politisch bis dato passive Bevölkerung erhob und zu Massenprotesten antrat, hatten Organisationen, die hauptsächlich von der USAID finanziert wurden (darunter Freedom House, National Endowment for Democracy und andere) massiv ihre Finger im Spiel. Die Organisationen hatten seit Jahren die Bevölkerung politisch gebildet, ihnen Wahlbeobachtung und -befragung nahe gebracht und sie auf Momente wie diese vorbereitet. Mit dem Wissen um Erfinden von Parolen und Logos, ausgestattet mit Computern und Mobiltelefonen, war es viel leichter, Demonstrationen zu organisieren.

So war es möglich, gegen die politische Klasse aufzustehen und endlich den lange schwelenden Unmut zu äußern – mit Erfolg.

Die Demokratieförderung bezüglich der Zivilgesellschaft hat rund um die Orangene Revolution ganze Arbeit geleistet. Entgegen der Behauptungen konterrevolutionärer Kräfte soll das jedoch nicht als reine Instrumentalisierung der Bevölkerung durch westliche Kräfte verstanden werden. Im Gegenteil, die Zivilgesellschaft hätte eine derart durchschlagende Kraft nicht durch exogene Aufstachelung alleine entfalten können. Vielmehr schwelte der Unmut schon länger und konnte durch gezielte Unterstützung besser kanalisiert werden, als das ohne sie der Fall gewesen wäre. (vgl. SCHNEIDER-DETERS, 2008: 265 ff.)

Tabellarischer Vergleich und Zusammenfassung

Die Ergebnisse der vorangegangenen Untersuchungen sind in nachfolgender Tabelle nochmal übersichtlich dargestellt und somit besser vergleichbar.

Beim Punkt kollektive Identität ist die ukrainische Bevölkerung gegenüber der belarussischen nur wenig im Vorteil. Beide Länder leiden nach wie vor unter der mangelnden Nationalstaatserfahrung, jedoch wurde der Ukraine eine geringfügig bessere Chance während der Zeit der Sowjetunion eingeräumt, ein eigenes Selbstverständnis zu entwickeln.

Beim politischen Interesse, gemessen an Umfragewerten beider Länder, ergibt sich ein ähnliches Bild. Insgesamt ist ein großer Teil der Bevölkerung kaum an Politik interessiert, häufig aus der Überzeugung heraus, nichts ausrichten zu können. Das Gleiche gilt, wenn es um die aktive politische Mitwirkung geht, in Form von Mitgliedschaften in Parteien. Bei politischem Interesse und der Einstellung zur Demokratie steht die Ukraine Umfragen nach etwas besser da als Belarus. Beim politischen Engagement hat die Ukraine zwar aus der Bevölkerung heraus gleich schlechte Voraussetzungen wie Belarus, jedoch lässt das (wenn auch defekte) demokratische System mehr Teilhabe zu als in Belarus.

Einen deutlicheren Unterschied gibt es, aus ähnlichen Gründen, bei der Existenz von Assoziationen und Interessengruppen, also NGOs und andere Gruppierungen. Belarus geht hier bei der Registrierung und Behandlung solcher Zusammenschlüsse sehr repressiv vor, während das in der Ukraine nicht der Fall ist. So konnten auf ukrainischem Boden deutlich mehr solcher Gruppen gedeihen, was sich wiederum positiv auf die Zivilgesellschaft auswirkt.

Das schlägt sich auch im Erfolg der bottom-up-Strategien externer Demokratieförderung nieder. Die gezielte Unterstützung (und Gründung) von NGOs in der Ukraine konnte nachhaltig den Verlauf der Orangenen Revolution unterstützen. Solche Bemühungen können aus genannten Gründen in Belarus nicht greifen, da die schlecht entwickelte Zivilgesellschaft auch noch schlecht durch Assoziationen organisiert ist.

Insgesamt ergibt sich für beide Länder kein besonders positives Bild was die Ausprägung der Entwicklung der Zivilgesellschaft betrifft, zumindest keines, was nach westlich-demokratischem Verständnis positiv wäre. Jedoch ist das Potenzial offenbar in der Ukraine vorhanden gewesen, eine Revolution hin zur Demokratie zu wagen. Von der belarussischen Bevölkerung ist ein ähnlicher breit angelegter Aktionismus bislang nicht ausgegangen. Die Zivilgesellschaft ist scheinbar in der Ukraine, auch aufgrund systematischer Rahmenbedingungen, besser entwickelt. Selbstverständlich muss dies nicht zwangsläufig bedeuten, dass die Zivilgesellschaft Belarus' nicht die Chance hat, die Entwicklung nachzuholen – oder dass die ukrainische bereits am Maximum ihrer Entwicklungsfähigkeit angekommen ist.

	Belarus	Ukraine
Kollektive Identität	Sehr schwach ausgeprägt	Schwach ausgeprägt
Politisches Interesse/ Interesse an Demokratie	Schwach ausgeprägt	Mäßig ausgeprägt
Politisches Engagement	Sehr schwach ausgeprägt	Schwach ausgeprägt
Assoziationen und Interessengruppen	Massiv staatlich unterbunden, jedoch steigende Zahl, im Jahr 2008 ca. 2000 registrierte und 2000 nicht registrierte NGOs	Zunehmende Zahl, im Jahr 2008 rund 44 000 Assoziationen, jedoch teilweise exogen und meist nur regional aktiv
Erfolge der bottom-up-Demokratieförderung	Bisher kaum sichtbare Auswirkungen auf Engagement und Mobilisierung in der Bevölkerung	Insbesondere während der Orangenen Revolution große Erfolge und Mobilisierungsqualitäten
Einstufung der Entwicklung der Zivilgesellschaft	Unterentwickelt	**Mäßig entwickelt im langfristigen Kontext**

Tabelle 3 Vergleich der Entwicklung der Zivilgesellschaft in Belarus und Ukraine
Quelle: selbst erstellte Tabelle

Fazit

Zweifelsohne ist weder in Belarus noch in der Ukraine eine konsolidierte Demokratie in greifbarer Nähe. Dass die Fortschritte in der Ukraine größer sind als in Belarus, hängt nach meinen Ergebnissen auch mit der Entwicklung der Zivilgesellschaft zusammen – und zwar vor allem deswegen, weil die Zivilgesellschaft einen Angriffspunkt für externe Demokratieförderung bietet, wo andere Konsolidierungsmechanismen stagnieren. Als Ergebnis meiner Arbeit stelle ich also eine eindeutige positive Korrelation zwischen Entwicklung der Zivilgesellschaft und Fortschritt der Demokratisierung fest. Dabei kann in diesem Rahmen jedoch nicht geklärt werden, ob die Zivilgesellschaft sich gerade in Belarus deswegen schwach entwickelt hat, weil die politischen Rahmenbedingungen sehr repressiv sind, oder ob die Entwicklung nicht auch davon abgekoppelt im Privaten stärker stattfinden könnte. Sicherlich spielen die systematischen Voraussetzungen für die Zivilgesellschaft ebenfalls eine große Rolle. Hier sollte aber nur betrachtet werden, inwiefern die Zivilgesellschaft entwickelt ist (aus welchen Gründen auch immer) und wie sich dies auf die weitere Konsolidierung auswirkt. Jedoch bieten sich durch meine Ergebnisse Anknüpfungspunkte für weitere Untersuchungen, zum Beispiel die Beschäftigung mit den systematischen Vor- und Nachteilen die die Ukraine bzw. Belarus für die Entwicklung der Zivilgesellschaft bieten.

Experten kritisieren die mangelhafte externe Demokratieförderung in Osteuropa, speziell in Belarus, die sich explizit an die Zivilgesellschaft wendet. Hier müsse nach Ansicht von WIECK (2003) deutlich mehr getan werden, um Erfolge erzielen zu können. Dieser Überzeugung kann ich mich nach vorangegangener Untersuchung nur anschließen. Die Theorie der Demokratieförderung ist ein politikwissenschaftliches Feld, auf dem noch viel Unklarheit herrscht. Nicht zuletzt deswegen, weil in der Praxis noch immer experimentiert wird, mit unterschiedlichen Ergebnissen. Da aber gerade in autoritären und hybriden Systemen die klassische top-down-Strategie oft versagt hat, wofür Belarus ein gutes Beispiel ist, muss die bottom-up-Methode – und damit explizit die Ansprache der Zivilgesellschaft – stärker in den Fokus rücken. Für die Aussichten, vor allem in Belarus, bedeutet das, dass eine massive Unterstützung und Mobilisierung der Bevölkerung unabdingbar sind, wenn Demokratisierungsprozesse von innen keimen sollen. Die Demokratisierung wird, wie meine ursprüngliche Hypothese lautete, ohne eine Stärkung der Entwicklung der Zivilgesellschaft nicht weiter voranschreiten, stellt man die politischen Akteure und das politische System unter eine ceteris-paribus-Annahme. Umso wichtiger wird das Wirken externer Akteure zur Unterstützung der Bevölkerung. Das stellt für externe Akteure der Demokratieförderung eine große Aufgabe dar. Strategien müssen neu überdacht und besser aufeinander abgestimmt werden. Dann können auch in Belarus Prozesse möglich sein, die denen in der Ukraine im Jahr 2004 nahe kommen.

Literatur- und Quellenverzeichnis

Auswärtiges Amt: Internetfassung, URL: http://www.auswaertiges-amt.de/diplo/de/Laenderinformationen/Ukraine/Innenpolitik.html (letzter Zugriff am 12.03.2010)

Beichelt, Timm 2001: „Demokratie und Konsolidierung im postsozialistischen Europa", geschrieben für: Bendel, Petra / Croissant, Aurel / Rüb, Friedbert (Hrsg.): Hybride Regime. Zur Konzeption und Empirie demokratischer Grauzonen. Opladen 2002.

Bertelsmann-Stiftung 2008a (Hrsg.): Bertelsmann Transformation Index (BTI) 2008. Belarus Country Report; Gütersloh.

Bertelsmann-Stiftung 2008b (Hrsg.): Bertelsmann Transformation Index (BTI) 2008. Ukraine Country Report; Gütersloh.

Beyme, Klaus von 1994a: Systemwechsel in Osteuropa; Frankfurt a. M.

Bos, Ellen 2004: „Das politische System der Ukraine", in: Ismayr, Wolfgang (Hrsg.): Die politischen Systeme Osteuropas; Wiesbaden: 470–514.

Dahl, Robert 2000: „A democratic paradox?", in: Political science quarterly, 1/2000.

Europäisches Parlament 2010 (Hrsg.): Amtsblatt der Europäischen Union, Ausgabe C 46 E/107, 24.02.2010; Brüssel.

European Commission 2006a (Hrsg.): Non-Paper 1106: What the European Union could bring to Belarus, Brüssel.

European Commission 2006b (Hrsg.): Non-Paper 726: Strengthening the civil society dimension of the ENP; Brüssel.

European Commission 2004 (Hrsg.): European Neighbourhood Policy, Strategy Paper; Brüssel.

Holtbrügge, Dirk 2002: Weißrußland; München: 50–52.

Huntington, Samuel P. 1991: The third wave: Democratization in the late Twentieth Century; Norman / London.

Lauzanne, Claire 2005: „Demokratisierungsprozess in Belarus?" in: Arbeitspapiere des Osteuropainstituts der Freien Universität Berlins; Heft 49.2/2005.

Löwenhardt, John 2005: „Belarus and the West", in: White, Stephen / Elena Korosteleva / John Löwenhardt (Hrsg.): Postcommunist Belarus; Oxford: 143–159.

Merkel, Wolfgang 2010: Systemtransformation; Wiesbaden, 2. Auflage.

Nanivska, Vira Dr. 2001: „NGO Development in Ukraine"; Artikel für das International Centre for Policy Studies, Kiew.

Rose, Richard 2005: Insiders and Outsiders: New Europe Barometer 2004; Centre for the Study of Public Policy, University of Aberdeen.

OSCE 2007: OSCE/ODIHR Election Observation Mission Report: Ukraine. Pre-Term Parliamentary Elections, 30 September 2007; Wien.

Plasser, Fritz / Peter A. Ulram / Harald Waldrauch 1997: Politischer Kulturwandel und demokratische Konsolidierung in Ost-Mitteleuropa: Theorien und Trends; Opladen.

Sandschneider, Eberhard 2003: „Externe Demokratieförderung. Theoretische und praktische Aspekte der Außenunterstützung von Transformationsprozessen", Gutachten für das Zentrum für angewandte Politikforschung der Ludwig-Maximilian-Universität München.

Schmidt, Manfred 2004: Wörterbuch zur Politik; Stuttgart, 2. Auflage.

Schneider-Deters, Winfried 2008: „Die politischen Entwicklungen nach der Orangenen Revolution", in: Schneider-Deters, Winfried / Peter W. Schulze / Heinz Timmermann (Hrsg.): Die Europäische Union, Russland und Eurasien; Berlin: 261–308.

Siefkes, Jan 2003: „Die Entwicklung der Zivilgesellschaft in Polen und Belarus", Institut für Internationale Politik und Regionalstudien e.V. in Zusammenarbeit mit dem Otto-Suhr-Institut für Politikwissenschaft der Freien Universität Berlin, Berlin.

Steinsdorff, Silvia von 2004: „Das politische System Weißrusslands (Belarus)", in: Ismayr, Wolfgang (Hrsg.): Die politischen Systeme Osteuropas; Wiesbaden: 429–467.

Timmermann, Heinz 1997: „Belarus: eine Diktatur im Herzen Europas?" [Forschungsbericht]; Bundesinstitut für ostwissenschaftliche und internationale Studien, Köln, 1997; URL: http://nbn-resolving.de/urn:nbn:de:0168-ssoar-42879 (letzter Zugriff 01.03.2010)

Timmermann, Heinz 2008: „Die Republik Belarus", in: Schneider-Deters, Winfried / Peter W. Schulze / Heinz Timmermann (Hrsg.): Die Europäische Union, Russland und Eurasien; Berlin: 407–479.

USAID 2009 (Hrsg.): NGO Sustainability Index 2008; Washington.

Weßels, Bernhard 2003: „Die Entwicklung der Zivilgesellschaft in Mittel- und Osteuropa: Intermediäre Akteure, Vertrauen und Partizipation", in: Wolfgang van den Daele / Dieter Gosewinkel / Jürgen Kocka / Dieter Rucht (Hrsg.): Zivilgesellschaft: Bedingungen, Pfade, Abwege – WZB-Jahrbuch 2003; Berlin: 173–198.

Wieck, Hans-Georg 2002: „Demokratieförderung in Belarus", in: Osteuropa, Heft 7, 2002: 871–884.

Wieck, Hans-Georg 2003: Belarus: Die europäische Union in der Sackgasse (veröffentlicht unter dem Titel: „In Weißrussland ist Europa auf dem Holzweg"), in: Internationale Politik, Nr 12/2003, Internetfassung, URL: http://www.internationalepolitik.de/ip/archiv/jahrgang2003/dezember03/in-weissrussland-ist-europa-auf-dem-holzweg.html (letzter Zugriff 10.03.2010).

**Voter's choice in Ukraine's Presidential and Parliamentary Elections since 1994
von Nico Rausch (2007)**

Introduction

The aim of this paper is to find out the major changes in interests of the Ukrainian society and how they determined party preferences. Therefore, it will not only analyse parliamentary elections but also presidential elections. The presidential-parliamentary system of Ukraine (until 2005), with crucial powers of the president is determining presidential elections as important, even if parties itself play a less important role than candidates. Change of interests also can be visible by voting for one or another candidate at least for major cleavages in the society. Presidential elections also normally work for the consolidation of party competition (Harasymiw 2002).

The first part of this work will lay the theoretical ground for the analyses of voter preferences in Ukraine. It will deal with a generalization of interest building theory and a closer view on transforming post-communist societies. Furthermore it will present two concepts which are important in explaining the interconnection between society and political interests. The first concept deals with class inequalities as base for class specific interest and voting behaviour. But this concept cannot give enough explanation for the case of Ukraine, due to its special political development in general and its different historical experience during Soviet times. Therefore, I will present a second concept; the concept of cleavages. It is more general in describing the connections between specific interest and voter preferences and therefore more useful than the former concept.

In the second part of this paper I will analyse the parliamentary and presidential elections of Ukraine until 2006. Therefore, I will describe important surroundings, present the results and analyse the major cleavages or interest groups.

Interest building – a "democratic class struggle"

After the breakdown of the Soviet Union many countries found themselves in a phase of dramatic changes. For the most of them the end of USSR was the beginning of a democratic development. Transformation processes were shaped by a "democratic class struggle", a phenomenon which marks electoral behaviour by socio-economic structures. The term "democratic class struggle" implies the theoretical position of a conflict between two groups with different economic interests which will be solved at the ballot box. The economic interests of anybody, determinated by his or her social position, influence the electoral choice (Kohler 2002). In contrast to this structural approach a liberal one exists, which claims that economic interests and political aims mainly develop out of individual demands. Furthermore there is a variety of interests which can change. The articulation of these interests is always integrated in the political system (Wesolowski 1995).

A third approach, I want to mention, is in the tradition of Max Weber. It says that interests develop at two levels. On the one hand on an economical level and on the other hand on a cultural level. All three approaches leave out characteristics of the other but they all claim the importance to look at the dynamics of interests. They are not inherent in the overall structures of society. They can be stimulated (ibid.).

This is more about an activist approach which is more useful to apply if we look at the transformation processes and social restructuring in Eastern and Central Europe. Activity matters in two ways: firstly, in the material necessities of life and secondly in the ideas about society (Wesolowski 1995).

In "democratic class struggle" interests of socio-structural groups are not a priori given. They are in a dynamic process of changing. This process is even more dynamic in a transforming society than in a consolidated democracy.

There are different assumptions how interests can be built. One of these assumptions is known as interaction approach which claims a coherence of the social being and political preferences. People with similar social characteristics have similar political views because they are in close contact to each other (Kohler 2002). The interest theory[18] says that voters will decide for the party which is more likely to fight for their interests and that these are similar to the political aims of their conflict group (ibid.). Therefore, there will be a party which follows specific political interests which are in accordance with several voters of the same socio structural group. Therefore, we have to see conflict groups as groups which are divided by different socio-economic interests.[19]

---

[18] A theory from Rokkan and Lipset (1967) for the emergence of parties

[19] A third approach will not be discussed here. The identification approach covers long term identification with political parties, which cannot be found in transforming post-communist societies, where party systems are still emerging or changing- especially in Ukraine.

The change of interests in post-communist transformation countries

During communist times a privileged group tried to block all articulation of interests below the institutional level. Under this point of view a change of system will have positive effects if this change won't end up in a fundamentalist ideological revolution (Wesolowski 1995).

Every systemic change stimulates specific processes. According to Wesolowski: 1) destruction of specific interests, 2) fight for preservation of old interests, 3) emergence of new interests. The transformation from a system with command economy and state property to a market economy with private ownership will lead to an articulation of new interests and as well to an assimilation of old one (ibid.). Privatization of big and medium size state owned enterprises and the spontaneous founding of private firms as well as the abolishment of social political regulations and economic rules are earmarks of this transformation.

These events can be described as socio-structural events, which could change socio-structural groups. For such socio-structural events there are the same consequences as for the members of various socio-structural groups. The move into another socio-structural group with a different attitude of interests, will lead to an assimilation of party preference of the new class. This assumption also says that changes of socio-structural groups (classes) will lead to changes in party preferences (Kohler 2002: 224). But nothing starts suddenly. Every transformation is a complex process and therefore the transformation of interests is also a slowly and difficult process. The struggle for transferring interests into a new reality plays an important role as well as the elimination of interests of the former party dictatorship (Wesolowski 1995).

Socio-structural change in post-communist systems and impacts on party preferences

As it was shown above, the process of socio-structural change will lead to a change of interests and to a fragmentation of interests within the society. These interests will be articulated in specific voter preferences and lead to the emergence of several political parties, which has a very important impact on the consolidation of democracy. Parties are important players in free elections and the construction of democratic institutions (Segert 1997).They are generally seen as crucial actors, because only a stable party system is an indicator of a democratic consolidation (von Beyme 1997/Berglund et al.2004).

There exist several concepts how specific political interests are formed and translated into party choice.

Class inequalities as a base for class-specific political interests

The breakdown of the communist system was followed by the destruction of institutions of the former 'civil society'.[20] The result was the disappearance of mechanism of articulation of interests even if political interests were relatively weak. There was a lack of unitary ideologies and roots for several social layers. Emergence of class related interests in post-communist countries is very weak, because of the absence of class formation made due to trying to eliminate the diversification of social distinction (Evans 1998). This ultimately resulted in the reduction of economic inequalities. Distinctions of wealth and incomes were substantially lower in communist regimes than in any other societies (Lenski 1994). But on the other side of the medal political inequalities were much higher than in Western industrial societies and the change of moral attitudes expected by Marx did not occur at all (ibid.).

There was a fear of emerging new specific identities and solidarities next to the central ideological idea of society (Ferge 1997). Formal equality was always claimed but in reality never existed. The biggest inequalities existed between the nomenclatura and the rest of the people. Members of communist party enjoyed many privileges, which were kept back from the others (Ferge 1997/Lenski 1994). Within the working class equality was also absent. There were better situated workers with better living conditions or better health treatment (Lenski 1994) and the formal structure of work did the rest against formal equality (Ferge 1997). In communist systems inequality was made by distribution of power, knowledge and labour but the formation of interests of specific groups was suppressed. The oppression can be seen as the reason for the strong anti-socialistic orientation of many post-communist societies and the liberal orientation of the intelligentsia after 1989. Therefore, the greater focus on the intelligentsia's interests and aims was greater than on the ones of the working class

---

[20] Civil society is one of the 5 areas of a consolidated democracy, made up by Linz & Stepan. „The first interacting arena is called civil society, where polity is made by self-organising groups and individuals which can relatively autonomous from the state and articulate values, create associations or solidarities to advance their interests." (Linz & Stepan 1996 : 15) A strong civil society can help to start a transformation movement, to secure it and deepen a democracy. „Interests and values of a civil society are the major generators of political society" (ibid : 14).

(Evans 1998). The structural changes with the start of the transformation and the capitalization of the system led to socio-structural changes as well. Socio-structural events conducted to the segmentation of the society and that lead to the formation of different interests (ibid.). The amount of structuring variables also grew through the change to a private property organised system (Ferge 1997).

Evans claims that we can see coherence between belonging to a class and political ideas. Material inequalities and future chances are the basis for class specific interests and class specific political preferences (Evans 1998). Different expectations about the future of various classes (layers/cleavages) and differences among resources and possibilities influence political interests. The consciousness about these differences and class-consciousness is therefore the foundation of formation of class-specific interests. At the beginning of transformation we can often see two polarised groups – one fighting for a fast liberalization and the other favouring a model of a strong social welfare state. Throughout ongoing differentiation of the social structure one can see an ongoing fragmentation of class specific interests (Evans 1998/Slomczynski & Shabad 1997).

The concept of cleavages

Due to the specific system transformation in the case of Ukraine, the above described concept is not always applicable. In Ukraine we cannot find a continuous transformation to democracy like in Poland or the Baltic states. We either see a hybrid regime emerging with a semi-authoritarian character. The transformation in general was hamstringed by this development and socio-structural events might not have that strong influence as described above.

The concept of cleavages therefore is more precise in defining the link between consolidation and distinguishable and consistent voter preferences and the emergence of a stable party system (Berglund et al.2004). Cleavages matter because they structure the behaviour of voters and parties. They also determine the number of parties (ibid.). The cleavage concept is therefore crucial for studying parties, party systems and regime changes. In the same volume Deegan-Krause (2004) points out three different levels of cleavages, demographic, attitudinal and behavioural. Different social groups have different attitudes and behaviour and only an overlap on all three levels make a 'full' cleavage. These set them apart from other groups and so cleavages are qualified. In this sense we can name cleavages also as interest groups like described above. Differences in attitudes and behaviour can be caused by different socio-economic or cultural factors. Furthermore Deegan-Krause (2004) is describing 3 divisions by overlapping means of cleavages described above. These divisions do not mean the formation of a new cleavage but a divide, and they point out several factors for the potential to become a 'full' cleavage with party expression. We can find salient cleavages without the latter, when demographic and attitudinal means overlap and the behavioural factor is missing (structural divide). Political cleavage is formed already by overlapping attitudinal and behavioural factors (issue divide).

A great potential in forming a 'full' cleavage can be found when demographic and behavioural means are matching (caste divide) and only attitudinal factor has to be added. Lipset & Rokkan (1967) give a clear connection between 'full' cleavages and parties.

They translate group interests by articulating conflicting interests. They are seen as the main agents to transform societal conflicts into political divisions by forming alliances, networks and electoral strategies. Political parties are therefore the last step of forming group interests into political interests, by following strong means of any cleavage. Parties have to find voters and voters have to find parties corresponding to their needs determined by their social group or cleavage.

The cleavage concept also combines the different approaches of interest building. It goes beyond purely social or economic nature. Cleavages are also more fundamental. Based on culture, value orientations or ideological insulation they constitute deep seated socio-cultural conflicts, with also political significance (Berglund et al. 2004).

The first general elections in independent Ukraine-Contradictory voter's choice in 1994 presidential and parliamentary elections

The first general elections of the Ukrainian parliament and the first presidential elections took place in 1994. The elections occurred only within a few months. In the parliamentary elections which took place first, the majority was reached by the Communist Party and the presidential election was won by the liberal reformer Leonid Kuchma (Birch 1998).

The main important political issue for Ukrainians at that time was economy. After the independence the country faced like all other former Soviet Union states a decline in its economy. The incumbent regime could not deal with these problems and president Kravchuk at this time was more concerned with nation and state building than with economic reforms. Connected with this issue, most of the public saw the decline in good relations with Russia and the CIS as the major reason for the economic decline. Corruption and crime played also an important role (Birch 1998/Bojcun 1995). The society was divided in three major groups. It ranged from people supporting a market/capitalistic system over advocating a socialist model or a rather mixed system (Birch 1998). The national democratic camp (Rukh) and Leonid Kravchuk stood for a step by step transformation of the economy, based on norms and value transformation. This patriotic model opposed the pragmatic model supported by Leonid Kuchma and the protectionist model advocated by the post-communist nomenclatura (Zviglyanich 1995). The patriotic model favoured a mixed socially oriented market economy, and with limited influence of the state. The economic prosperity should be reached through values of civil society, law and state building. The patriotic model was defensive and seen as a threat to good relations with Russia and the CIS.

The model advocated by Kuchma contained limited protectionism and the restoration of economic ties with Russia and the CIS. It supports gradual economic transformation and privatization (ibid.). Furthermore Kuchma stood for a controlled transformation toward a socially oriented market economy (Wolczuk 2001).

On the level of the political parties the left wing favoured the old socialistic model, broad state ownership, renationalization, social safety, close integration into the CIS and an economic union with Russia (Bojcun 1995). The National Democrats were rather western oriented and anti-Russian. They favoured a capitalist market economy with an undefined mix of state and private ownership. They put on their agenda as priorities statehood building and the formation of a strong democratic civil society (ibid.).. The Centrist camp is primary liberal and proposes a rapid privatization and market reforms. They also propose a strategic union with Russia (Bojcun 1995). The centre plus the national democrats can therefore been described as reform oriented with different strategies and the leftists as anti-reformists (Miller et al. 2000). The main dividing lines for those blocs were their attitudes towards marketization, perceived national economy, privatization, crime, nationalism, western (NATO) or eastern (CIS) orientation. Another very important issue like in other former Soviet Union states is the identification with the past: how people perceive the legacy of the Soviet rule and being "Soviet" (ibid.).

There was no clear divide between those camps on how to organize statehood. They were divided within themselves on several questions, such as federalism, the power of the president and the constitution of the state. Wolczuk (2001) summarizes three following divisions: the left, which favour Soviet parliamentarism; the centre, which favoured a parliamentary-presidential system and the right, advocating a presidential-parliamentary one. The centre consisted of Rukh, the National Democrats and Leonid Kravchuk. On the other hand, Kuchma is in favour of the presidential model (ibid.).

Results and major cleavages

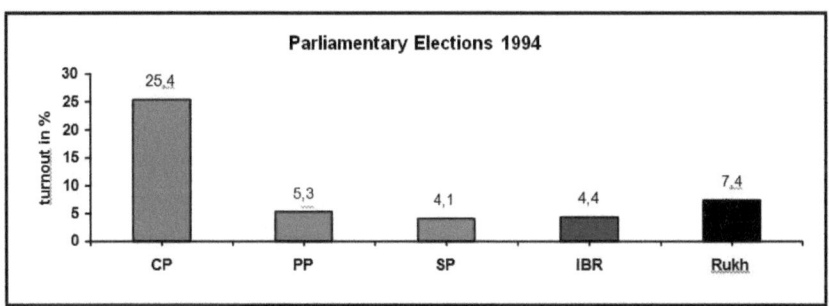

CP = Communist Party, PP = Peasant Party, SP = Socialist Party, IBR = Interregional Bloc for Reforms, RP = Republican Party (see further Bojcun 1995).; own graphic

Shocked by the decline of the living standard through economic breakdown during the first years of independence voters turned back to the old forces – social security, a strong state which is leading the economy to a more prosperous future. The anti-reformist left bloc won by support of those who are older, pensioners, lower income, housewives, less educated and urban workers (Miller et al. 2000). The left parties made the most out of the economic crisis. Voters are mainly divided by four important cleavage variables – region, religion, education and age. The young, highly educated, rural, and technical or office workers tend to identify with nationalist parties (ibid.). Because of rapid changes in social division or what was called above as socio structural events, Miller et al.

(2000) argue, that deep seated cleavages in Ukraine are not reflected in party preferences. Basic social cleavages do not turn out to be as significant as in other societies. They point out, that the preferences are divided by rather support of the old system versus the preference for a new regime with market economy. The Ukrainian voters definitely rejected the latter in the parliamentary elections 1994. They also rejected the path chosen by Kravchuk of nation building first and the idea of turning to the West. There was a considerable amount of regional variation of these issues. The Eastern Ukrainian oblasts, highly industrialized, were feeling the decline of the economy harder than the centre or the Western Ukraine. Therefore, in the East the support for the anti-reformist bloc and the old central planned economy was much higher. Because of the former interdependence with other CIS economies and especially Russia, the support for better integration and good relations with its eastern neighbour was also higher than in Western Ukraine (Birch 1998).

The regional cleavage is also very important also for the perception of the past. The westernizers, mostly from Galicia, which are more Ukrainophile throughout history stand against the Slavophiles/Sovietophiles, which are more concentrated in the East and the South (Kuzio 2000). But ethnicity and language are not major cleavages, even if the latter group consists mostly of Russians or Russian speakers. One can find regional differences in voting preferences but they are not determined by language or ethnicity. They are rather influenced by a nationalist/non-nationalist divide (Weller 2002). This is one of the reasons why the national democrats did not win more support. Their policy was too national for the mass attitudes within the society, and not only in the East and the South. People did not see any conflict potential through language or ethnicity (ibid.). More important is the historical grown regional identity towards political values and attitudes. One can find an ethnicity based identity in the West but it does not lead to an "us-them" syndrome.

Presidential elections – a different choice

But why did Ukraine voted for Kuchma in the presidential elections just a few months later rather than repeating their choice?

Wolczuk (2001) gives an interesting answer. Kuchma broke the bipolar ideological cleavage, which still can be seen between national democrats and the left. His pragmatic move avoiding either the radical Slavophile or westernizers' camp secured his support of the electorate. He advocated radical political reforms to pursue economic reforms, backed by the national camp. On the other hand he took an anti-nationalist stance, advocating closer economic ties with CIS and Russia and foreign policy orientation towards Eurasia (Wolczuk 2001). The voters seem to understand the necessity of pragmatic policy in order to achieve economic reforms. This gave victory to Kuchma over Kravchuk, who favoured the patriotic model described above.

In the parliament, bipolarity emerged because of the division of the centre due to overlapping divides. Kuchma favoured controlled economic reforms and transition to a socially oriented market economy and non-nationalist argumentation.

As Weller (2002) points out civic territorial terms were more important in mass attitudes than ethno-lingusitic ones. Therefore, Kuchma as a president represented this cleavage. He gained support by both Ukrainians and Russians even if the latter did so by a wider margin. The popularity of the centrism and pragmatism represented by Kuchma prevented ethnic or social instability (Kuzio 2000).

The parliamentary elections 1998 – no convergence in the center and Kuchma's second success in 1999 presidential elections

The parliamentary elections in 1998 did not change the picture of the elections 1994 dramatically. Despite that, there were more different political actors on stage, and generally the voters stayed in their main attitude against Western integration, anti-radical privatization and anti-reform orientation. This can be seen in the majority vote for the leftist parties. Of the 1994 elections only four parties stayed on the scene – Rukh, the CP and the Peasant Party which united in 1998 with the Socialist Party. The bloc of left wing parties gained together more than 40 % of the votes in the proportional half of the election, however, they did not enjoy as much support in the majority vote. The second biggest camp, the social democrats made up to 19 % of the votes and the liberals up to 22%. The conservatives reached together about 8 % but they did not made it into the parliament. After that election there was still no clear polarization and no convergence toward the centre (Harasymiw 2002). Also there was no favour for any nationalist camp. The new Parties like Hromada, PDP or USPD proclaimed multivectorial foreign policy, with friendly relations to Russia and CIS as well as with NATO. Hromada also saw an EU integration as goal. All together those new parties stand for market economy. The USDP preferred the Nordic model of a socially oriented market economy. The pro presidential Party PDP favoured also a fast privatization in the agricultural sector. Hromada stood for controlled transformation and privatization. Together with the votes for the left bloc the electorate was still reluctant toward a fast economic transformation which could threaten their social security.

The regional cleavage still existed. The voters from the East, still hampered by economic decline, favoured more a soviet style protectionism, and, therefore the left bloc gained much support. Also elderly people, low income and low educated voted for the left (Harasymiw 2002).

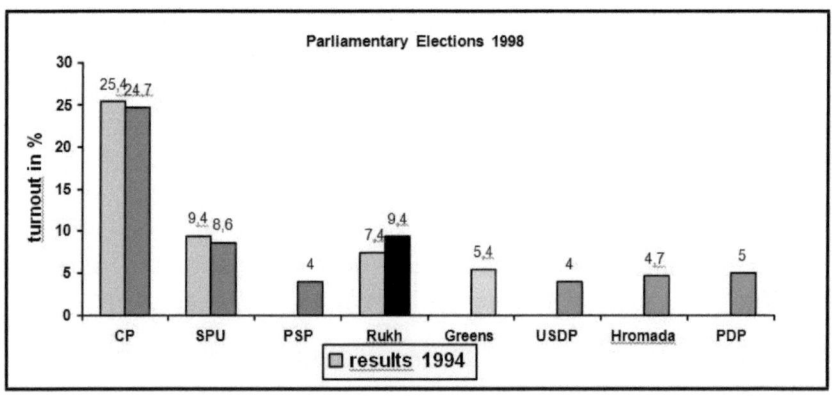

PSP = Progressive Socialist Party, USDP = United Social Democratic Party, PDP = Popular Democratic Party (see further Harasymiw 2002); own graphic

During the presidential elections of 1999, the national–non nationalist cleavage was still important and led to Kuchma's second term (Weller 2002). Despite his non-national affiliation, he gained support from the nationalists due to the communist threat of the candidate Symonenko, leader of CP. Also market reform forces backed Kuchma. Interesting is that the West as well as Kiev delivered the majority of the votes for Kuchma (Harasymiw 2002). Here the regional cleavage emerged again, but like Weller (2002) stated it was not about language and ethnicity, but about the historical traditions. "The west versus the rest, but the west is fickle" (Harasymiw 2002: 326). Regionally based in the West and the Centre, modernizers and pro market forces backed Kuchma. The traditionalist and socialist Slavic unity backed Symonenko. In comparison to 1994, there was only marginal change in voter preferences in both elections.

Reasons for the status quo

Even if economic reforms were started during the first two years after 1994, the situation in Ukraine did not improve during this period. The economic reforms did not lead to prosperity but rather to corruption and oligarchism throughout inefficient privatization methods. Also, the parliamentary forces hindered transformation by blocking major reform projects (see further Alsund 2003/von Hirschhausen 1998). There are no significant social structural events, which could have affected the social structure of the Ukrainian society as described above. Therefore the emergence of different new interest groups was hampered. New social layers or classes were not obvious because the majority of the population remained in similar socio-economic living conditions.

There was also no significant change in cleavages to let other parties evolve, which could have brought diversification in political programs. Despite some new political parties, the major orientation remained stable. No clear centrist power, majority on the left and minor support for nationalists in the parliament and, therefore, a more centre oriented president.

Parliamentary elections 2002 - the emergence of the democratic centre

The parliamentary elections 2002 were marked by crucial changes in the electoral behaviour. The electoral environment in Ukraine changed dramatically: first, throughout the ongoing corruption and authorization by the Kuchma regime, then, followed by the success of the former Prime Minister Viktor Yushchenko in doing economic reforms and fighting oligarchism. Together with Deputy Prime Minister Yulia Timochenko, he fought against the oligarchs and started fighting against corruption (Alsund 2003). The sacking of this successful team led to a divide among the elites and later in the society (Kuzio 2005/Wilson 2005). The authoritarian-democratic cleavage as well as the cleavage of pro and contra division of politics and business, effectively divided the society (ibid.). The change of the economic situation in Ukraine led to the emergence of a new middle class. Those social structural events laid the ground for new interest formation in Ukraine's society. Also the growing disgust with the incumbent regime and its methods, corruption and crime led to different voting behaviour. Kuzio (2003) points out an anti-presidential bloc facing the pro-presidential camp. The former consisted of Yulia Tymoshenkos bloc (BoYT) on the right and of the moderate Our Ukraine led by Viktor Yushchenko. The left bloc formed by the CP and the Socialist Party were also considered as anti-presidential. The pro-presidential forces consisted of the USDP and the For Integrated Ukraine (oligarchic electoral bloc). The FIU and Our Ukraine can be seen as the new centre of Ukrainian parties and BoYT the more radical right (Wilson 2005). Yushchenko build up a broad coalition replacing cultural nationalism and language issues by more pragmatic economic policy aims. He also emphasized on a clean government (ibid.). Yushchenko's team was joined by many new business man and liberals. Tymoshenko, also built up her bloc. It consisted of right wing forces from her old party Fatherland but remained politically social democratic populistic (ibid.).

Why voters moved to the centre

After, the election we can see first of all the continuous shift of voters from the left to the centre-right, mainly caused by the disillusionment with the communist parties (Sushko 2002). In the proportional vote Our Ukraine reached an impressive result, which shows the shift of voters from oligarchic clienteles, toward more democratic and economic reform-oriented parties. The former combined their forces and made up the third strongest bloc in the proportional vote but through single district majority vote they gained even more seats in the parliament (see Kuzio 2003). The new blocs of Tymoshenko and Yushchenko could not reach many more seats in the majority vote, so that finally they could not achieve the majority to change the government which was still made up of pro-presidential forces (ibid.).

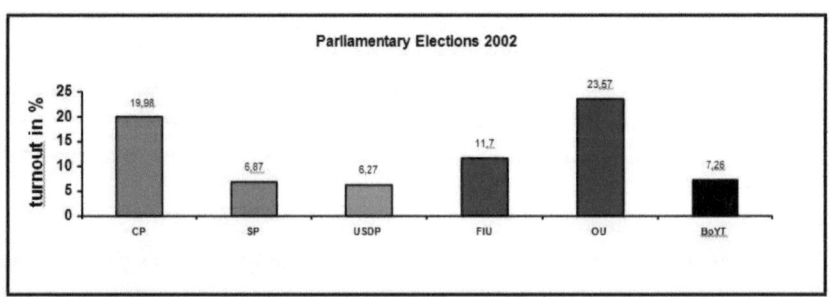

own graphic (see Sushko 2002)

Despite this, the 2002 elections show a remarkable shift in electoral behaviour. A great part of the citizens voted against oligarchic power concentration, the separation of business and politics. The blocs of Tymoshenko and Yushchenko are also seen as more reformists than the pro-presidential forces and the CP, due to their good results as leaders of the government, and the decline of reform policy after their dismissal. It was also a test for the democratic opposition for the next presidential elections in 2004. The society of Ukraine also saw the necessity for more economic reform, especially represented by Our Ukraine. The main reason why they did not win the elections ultimately, can be seen in the regional cleavage (Kuzio 2003: 26): "Ukraine's 2002 election results point to a country that combines a pro-reformist and anti-oligarchic west and centre with an east and south dominated by the Sovietophile CP and authoritarian corporatist oligarchs" (USDP and FIU). "With the decline of the CP as an alternative project, Ukraine is a country divided by two visions of its future (pro-Western Our Ukraine and Eurasianist, authoritarian ZYU [FIU])" (ibid.). Kuzio (2003) furthermore claims that Our Ukraine and BoYT as a real non-communist alternative to the oligarchs.

"Ukraine's ethno-cultural division and different historical experiences have maintained the popularity of the CP and thwarted a country-wide victory of Our Ukraine." (Kuzio 2003:27). The CP is still popular in the most Sovietized regions in the East and Southeast. Additionally pro-presidential and oligarchic forces won by manipulating the passive population found in the same regions (ibid.). These differences also mirror the divide in the Ukrainian society through its orientation either to the West (EU and NATO) or to the East (Russia and CIS) even if most of the Ukrainians prefer a multi-vector policy (Vahl 2004).

Victory for the democratic opposition in the presidential race 2004

The 2004 presidential election was mainly driven by the cleavage already mentioned above. It was the choice between further authorization or democratization of Ukraine. It was also a choice between division of business and political interest (Kuzio 2005). Furthermore, the choice was between corruption and crime within politics or a more democratic political landscape. Therefore, it was clearly a choice between change, or holding the status quo. In the end it was all about the choice between "good" (Yushchenko) and "evil" (Yanukovich).

Kuchma and his oligarchic allies have seen the election as possible way to consolidate autocratic rule and to save their personal and clan interests (Kuzio 2005b). Kuzio (2005b) points out that 70 % of Ukrainians favoured a change in course. The choice of the Kuchma camp to run with Prime Minister Yanukovich was not seen in favour of many people due to his crime record. His image suffered for being in prison twice. Opinion polls showed that a majority of people would never vote for a candidate with a criminal record (ibid.). He also stands for the Donetsk region, Ukraine's most criminalized region. Ukrainians did not want this methods exported to the highest level of politics. The election fraud in the second round gave them enough evidence for this style. Yanukovich also had no support of young people, who were the main supporters of Yushchenko and the core of the protest during the Orange Revolution (see Wilson 2005). Yanukovich was also seen as the public face of Ukraine's "largest, most brutal, and wealthiest oligarchic clan" (Kuzio 2005b). Also, the elite did not fully support Yanukovich. As mentioned above the cleavage between pro- and contra authoritarian support among the elites translated itself in the society. His coalition in the parliament already broke up during his time as prime minister and split into several factions. Oligarchs who were keen to become gentrified, like the Dniepropetrovsk clan and the new oligarchs which became rich in a legal manner, did not support his candidacy (Kuzio 2005/2005b).

Choice for the democratic reformist transformation

"The 2004 campaign was never really about issues" (Kuzio 2005b: 35), it was about the status quo or democratization and the rule of law. After the first round when Yushchenko and Yanukovich were ahead, the CP did not support either of them and the SPU started supporting Yushchenko. The obvious election fraud during the second round (see Wilson 2005) led to a third round which was finally won by Yushchenko. The Orange Revolution and its victory brought together "three revolutions in one: national, democratic, and anti-corruption" (Kuzio 2005b: 42). The people voted against democratic regression, mass corruption and for the return of democracy.

The 2004 presidential elections also could put an end to the regional cleavage which was present in earlier elections. Kuzio (2005b) marks this election as the end of the national revolution which lasted since 1991; whereas the Orange Revolution is seen as the democratic revolution. Wilson (2005) is supporting the idea while comparing the broad oppositional movement with the Sajudis or Solidarnosz movement in Lithuania and Poland. The end of the post-Soviet period also means the end of the regional cleavage between westernizers (in the west) and Sovietophiles (in the east and southeast). Yushchenko won by support of the centre, which already was decisive during Kuchma's election campaign 1994. Neither regionalism nor left-wing support worked for Yanukovich in 2004. Kuzio (2005b) points out that Ukraine 2004 is different from Ukraine 1994, state and nation building has produced a more united civic nation. But it does not mean that regionalism was absent. The regionalism is more normal like in other countries and not determined by the old myths of division in "eastern Ukraine" and "western Ukraine". If we follow Wilson's (2005) and Kuzio's idea Ukraine starts its democratic development now, after a broad coalition was formed only to change the power structures. In his review Wilson states that "a broad civic coalition [...] cannot be expected to last forever; and normal politics of ideological division will always eventually return to the surface."

The first truly free elections of Ukraine

The parliamentary elections after the Orange Revolution are seen as the first truly free elections since the independence (Kuzio 2006). The results of the elections proved to be a victory for the revolutionary forces. Voting patterns have not changed dramatically from that of the third round of presidential elections in 2006 (Kuzio 2006b). The Orange coalition, Our Ukraine + BoYT + SPU, gained about 45 % (56% of seats) and Yanukovich's Party of Regions reached 32,1 %, while he received about 44% of the vote during the presidential election.

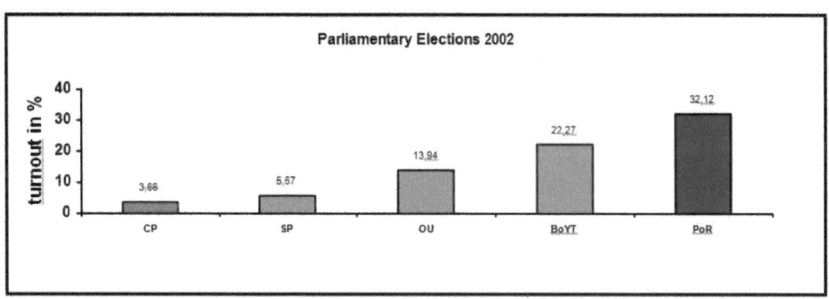

Own graphic (see Whitmore 2006/Ukraine Analysen)

There is one major difference. The division of the Orange camp led to the BoYT gained more votes than Our Ukraine (Whitemore 2006). One reason for the particulary bad results of Our Ukraine is the rising unpopularity of president Yushenko (ibid.).

Another result is the great defeat of the Communist Party which only got 3,66 % of votes and the disappearance of the USDP, which represented the Kiev oligarchic clan (Whitmore 2006/Kuzio 2006b). Remarkably is the amount of party blocs in the parliament which decreased from 8 in 1998, 6 in 2002 to now only 5.

Interesting is the low result of Our Ukraine which was expected to be the strongest force. But several reasons led orange protest voters to support BoYT. Its support grew from 7,3% in 2002 to 22,3%. But why did the support for Yushchenko's bloc shrinked by almost 10%? Kuzio (2006b) uses the magnificant word of "kamikaze" president. Next, to a reason beyond his control, voters always tend to punish those in power, and many mistakes were made. One of his major mistakes was the release of Yulia Tymoshenko as prime minister. The conflict between Our Ukraine forces and Tymoshenko damaged the orange camp. To secure, his candidate for the post of the prime minister he engaged with the Party of Regions by granting them immunity for the fraud. Another mistake was the raising of the oligarchs to a status of the national bourgeoisie (Kuzio 2006), which was a betrayal to his political aims during his election campaign. It is also said, that he spend far too much time abroad (Kuzio 2006b). Yushchenko's camp was also far from free of the old "bandits" he was fighting against. The trust in the ability of his personality to run the country is also shrinking, he is described as a man who is standing alone and Tymoshenko has far more charisma. She is streaming out more strength (Kuzio 2006; see Wilson 2005). Nevertheless the Orange camp gained together the majority of votes. Yanukovich's Party of Regions gained around 10% less votes than Yanukovich received 2004. One can say that this results mirror the division still alive in the country between the east and the west (Washington Post 2006). The Orange camp clearly pointed out their aim of Europeanization of Ukraine (Kuzio 2006). Foreign policy issues were not the main focus of the election campaign and were avoided by the Our Ukraine and Yulia Tymoshenko's bloc. Mostly domestic issue stayed in the centre of the campaigns which left external issues on the margins (Solonenko & Shulga 2006).

To sum up, the aims of the political players did not differ that much from the presidential elections 2004. The voters supported the democratic reformist way, which can be seen in the almost complete defeat of the CP and the broad support for orange camp.

Conclusion

The complex historical and political situation after the independence of Ukraine and its move to a more authoritarian regime under Kuchma makes it difficult to apply interest building theories. The environment to form specific class related interest was not given for a long time so that cleavages among several other issues played a more important role in defining voter preferences. As shown above, the absence of major social structural events through economic reforms and democratic transformation did not lead to a broad diversification of interests among different social groups. Nevertheless the major arguments of interest building theories could be more applicable after the change of power structures through the Orange Revolution.

Now Ukraine could have its second starting point for a transformation after a break from 1994 to 2004 under the Kuchma regime. The democratic environment has changed so that specific interest formation is no longer hampered by overlaying issues or cleavages.

After its independence and a harsh decline in its economy the Ukrainians were not in favour of national agitation. The nationalist/non nationalist cleavage as well as the regional cleavage was crucial. The regional cleavage has not to be understood as a divide by language and ethnicity even if these factors are overlapping. The East and the South were supported the status quo of their economy which led to a broad anti-reformist support of the left parties. The West was traditionally more reform oriented. The unclear polarization in the parliament, with a strong left wing bloc led to the choice of the more centrist candidate Kuchma and its ideas of pragmatic reforms. Change yes, but not too radical. This situation lasted until the 1998 and 1999 parliamentary and presidential elections. Slowly transformation of economy and society in general, did not lead to changes in interests or cleavages. This changed in 2002.

One of the main cleavages during this election was the choice pro or contra further democratic decline, and also between the division of business and politics, throughout many oligarchic structures in the former parliament and political institutions. It was first choice for a more reformist camp than the existent regime supposed to be. Our Ukraine and Yulia Tymoshenko's bloc represented a new democratic reform oriented force with a great support within society. This support led also to the victory of Viktor Yushchenko in the 2004 presidential elections and the Orange Revolution.

The majority of the Orange camp in the 2006 parliamentary elections shows that the Ukrainians are willing to follow this new path as well as the great defeat of the anti-reformist Communist Party. The results of the Yanukovich's Party of Regions can still be seen in connection with the regional cleavage, even if Kuzio, as showed above, suggested an end of this division.

Ukraine now has the environment for more specific interest formation within the society and the emergence of new parties, representing those. Therefore, economic and democratic reforms should not stagnate. A further ongoing differentiation of society and interests will lead to a more consolidated party system.

References

Åslund, A. (2003): "Left Behind: Ukraine's Uncertain Transformation", In: National Interest (73), p. 107-116.

Beyme von, K. (1997): „Parteien im Prozess der demokratischen Konsolidierung", In: Merkel, W.; Sandschneider, E. (ed.): Systemwechsel 3, Parteien im Transformationsprozess, Leske+Budrich, p. 23-56.

Berglund, S; Ekman, J.; Aarebrot, F. (2004):"The Diversity of Post Communist Europe", In: Handbook of Political Change in Eastern Europe, E. Elgar, 2004, Cheltenham Northhampton, p. 1-13.

Birch, S. (1998): "Electoral Systems, Campaign Strategies, and Vote Choice in the Ukrainian Parliamentary and Presidential Elections of 1994", In: Political Studies, 1998, XLVI, p. 96-114.

Bojcun, M. (1995): "The Ukrainian Parliamentary Election in March-April 1994", In: Europe-Asia Studies, March1995, Vol. 47, Issue 2.

Evans, G. (1998): "Class inequality and the formation of political interests in Eastern Europe", In: European Journal of Sociology, p. 226-258.

Ferge, Z (1997): "Reflections on the Old Structures and the New-Possible Approaches to the Understanding of Social Structure", In: Sisyphus, X, 1997, p. 41-56.

Harasymiw, B. (2002): "Post-Communist Ukraine". Edmonton, Toronto, Canadian Institute of Ukrainian Studies Press, p. 299-330

Kohler, U. (2002): "Der demokratische Klassenkampf- Zum Zusammenhang von Sozialstruktur und Parteipräferenz", Frankfurt/New York.

Kuzio, T. (2000): "The National Factor in Ukraine's Quadruple Transition", In: Contemptory Politics, 6(2), p. 143-165.

Kuzio, T. (2003): "The 2002 Parliamentary Elections in Ukraine: Democratization or Authoritarianism?", In: Journal of Communist Studies and Transition Politics, Vol.9, No.2, June 2003, p. 24-54.

Kuzio, T.(2005): "From Kuchma to Yushchenko: Ukraine's 2004 Elections and Orange Revolution", In: Problems of Post Communism,Vol.52, Nr. 2, March 2005, p. 29-44.

Kuzio, T. (2005b): "Regime type and politics in Ukraine under Kuchma", In: Communist and Post Communist Studies, 38, 2005, p. 167-190.

Kuzio,T.(2005c): "Political Parties and the 2006 Elections: Changes and Scenarios", http://www.gwu.edu/~ieresgwu/Kuzio.pdf.

Kuzio, T. (2006): "Revived Orange Coalition needs to Reinvigorate Ukraine's reforms", The Ukrainian Observer,June 2006, http://www.taraskuzio.net/media/pdf/2006/RevivedOrangeCoalitionNeedstoReinvigorateUkraine.pdf.

Kuzio, T. (2006b): "Ukraines Free Elections and Kamikaze President", The Ukrainian Observer, April 2006, http://www.taraskuzio.net/media/pdf/2006/FreElections2006.pdf.

Lenski,G.E. (1994): "New Light on old Issues: the relevance of ,Really Existing Socialist Societies' for stratification theory", In: Grusky, D.B. (ed.): Social Stratification. Class, Race and Gender in Sociological Perspective. Boulder, San Fransico, Oxford: Westview, p.77-83.

Linz, J.; Stepan, A. (1996): "Problems of Democratic Transition and Consolidation- Southern Europe, South America, and Post-Communist Europe". John Hopkins University Press, Baltimore, London.

Lipset, S.M.; Rokkan, S. (1967): "Introduction", In: Lipset; Rokkan (ed.): Party Systems and Voter Alignments,New York, Free Press.

Miller, A. H.; Erb, G.; Reisinger, W. M.; and Hesli, V. L. (2000): "Emerging Party Systems in Post-Soviet Societies: Fact or Fiction?", in The Journal of Politics 62(2), p. 455-490.

Segert, D. (1997): "Parteien und Parteiensysteme in der Konsolidierung der Demokratien Osteuropas", In: Merkel, W.; Sandschneider, E. (ed.): Systemwechsel 3, Parteien im Transformationsprozess, Leske+Budrich, p. 57-100.

Slomczynski, K.M.; Shabad, G.(1997): "Systemic Transformation and the Salience of Class Structure in East Central Europe", In: East European Politics and Societies, Vol.11/1, 1997, p. 155-189.

Solonenko, I.; Shulga, D. (2006): "Ukraine's 2006 Parliamentary Elections and European Integration", Heinrich Böll Foundation, http://www.boell.de/downloads/europa/ukraine_elections_2006.pdf.

Sushko, A. (2002):"The 2002 Parliamentary Elections as an Indicator of the Sociopolitical Development of Ukraine", In: DEMOKRATIZATSIYA, p. 568-576. www.ebsco.com.

Vahl, M.(2004): "Is Ukraine Turning away from Europe?", CEPS Policy Brief, No.57, http://shops.ceps.be/BookDetail.php?item_id=1167.

von Hirschhausen, Ch. (1998): "Economic Restructuring in Ukraine Seven Years after Independence: From Socialism to a Planned Economy?", In: Communist Economies & Economic Transformation 10(4), p. 451-465.

Weller, C.A. (2002): "Mass Attitudes and Ethnic Conflict in Ukraine", In: Kuzio, T.; D'Anieri, P. (ed.): Dilemmas of State-Led Nation Building in Ukraine, Westport, Conneticut, London, Praeger, p. 71-101.

Wesolowski, W. (1995): "Destruktion und Konstruktion sozialer Interessen im Zuge der Systemtransformation: ein theoretischer Ansatz", In: Wollmann, H.; Wiesenthal, H.; Bönker, F. (ed.): Transformation sozialistischer Gesellschaften: Am Ende des Anfangs, Leviathan Sonderheft 15/1995, p. 395-421.

Wilson, A. (2005): "Ukraine's Orange Revolution", Yale University Press.

Whiteford, S. (2006): "'Damit müssen wir leben', Das neue Parlament und Regierungssystem der Ukraine", In: Ukraine Analysen, No.5, April 2006, www.ukraine-analysen.de.

Wolczuk, K. (2001): "The Moulding of Ukraine: The Constitutional Politics of State Formation", Budapest, CEU Press.

Zvyglianich, V. (1995): "The State and Economic Reform in Ukraine", In: Demokratizatsiya 3(2), p. 133-150, http://www.demokratizatsiya.org/Dem%20Archives/DEM%2003-02%20Zviglyancii.pdf

Die Ukrainische Verfassung von 1996
Bedingungsfaktor für ein autoritäres Regime?
von Georg Sonnenberger (2010)

Einleitung – Problemstellung – Literaturbericht

Am 1. Oktober 2010 meldete das Internet-Nachrichten-Portal Spiegel-Online, dass das ukrainische Verfassungsgericht die Verfassungsänderungen von 2004, die nach der orangenen Revolution hinzugefügt wurden und 2006 in Kraft traten, für ungültig erklärt habe und nun wieder die ursprüngliche Verfassung von 1996 rechtswirksam werden würde.[21] Dieses Urteil war seit Inkrafttreten der Verfassungsänderungen im Jahr 2006, die das Land in eine parlamentarische Republik mit einem geschwächten Präsidenten umwandelte, abzusehen. Obwohl bei der Ausarbeitung der Verfassungsrevision offensichtlich formale und inhaltliche Fehler gemacht worden waren, untersagte das ukrainische Parlament (Verchovna Rada) 2006 dem Verfassungsgericht per Gesetz eine Überprüfung der Verfassungsmäßigkeit.[22] Damit hatte die Verchovna Rada de facto die Verfassungswidrigkeit der Änderungen eingestanden. Auch wenn das Zustandekommen und einige Inhalte der Verfassung, wie z.B. die Überschneidung von Kompetenzen zwischen Präsident und Parlament[23], nicht als optimal einzustufen sind, war die Verfassungsrevision von 2004 dennoch ein wichtiger Schritt in Richtung Demokratisierung der Ukraine[24].

Die nun wieder in Kraft getretene Verfassung von 1996 bedeutet für den Präsidenten einen erheblichen Machtzuwachs, während die Kompetenzen des Parlaments drastisch beschnitten werden. Die Politologin Sarah Whitmore beschreibt die Verfassung von 1996 folgendermaßen:

> „As a result of the compromise nature of the constitution, it lacked clarity so that the prerogatives of the two branches overlapped in terms of oversight and dismissal of the government and in law making. However in many respects the president had precedence, especially regarding the formation, control and dismissal of the government. For example, there were no provisions for the Rada to participate in government formation beyond confirming the President's candidate for Prime minister (art. 85.12). The consti-

---

[21] Vgl. http://www.spiegel.de/politik/ausland/0,1518,720717,00.html, Zugriff am 16.11.2010 um 11.00 Uhr

[22] Vgl. Simon (2009, S. 313).

[23] So z.B. beim Zusammenwirken von Präsident und Parlament bei der Ernennung von Premier-, Außen- und Verteidigungsminister.

[24] [Update der Redaktion: Seit Februar 2014 ist nun wieder die Verfassung von 2006 gültig. (http://de.wikipedia.org/wiki/Ukraine#Unabh.C3.A4ngigkeit)]

tution was the product of a temporary compromise that satisfied neither the president nor the majority of parliamentarians."[25]

Auch wenn die Verfassung in Bezug auf die Kompetenzverteilung bisweilen Unklarheiten aufkommen ließ, war sie nach Meinung der Politologin Martina Helmerich trotzdem „im Geiste von Rechts- und Liberalstaatlichkeit entstanden, wobei demokratische Institutionen und Rechtsnormen nach westlichem Muster übernommen wurden."[26] Doch warum wird das Regime Kutschma in der Fachliteratur immer wieder als defekte Demokratie[27] oder autoritäres Regime[28] bezeichnet, wenn die Verfassung doch sogar das Rechtsstaatsprinzip enthielt? Scheinbar gab es in der Kutschma-Ära[29] eine Diskrepanz zwischen Verfassungsnorm und Verfassungsrealität. Die zentrale Fragestellung dieser Arbeit wird also sein, ob die Verfassung von 1996 trotz ihres rechtsstaatlichen Charakters ein autoritäres Regime impliziert hat.

Um diese Frage zu beantworten, muss zunächst geklärt werden, welche Merkmale für ein autoritäres Regime charakteristisch sind. Dabei soll allein die unter Wissenschaftlern allgemein anerkannte Autoritarismus-Theorie von Juan J. Linz berücksichtigt werden, da andere Herrschaftstypologien, wie z.B. die von Wolfgang Merkel bzw. Jerzy Maćków, noch kontrovers diskutiert werden. Anschließend wird die Garantie der drei Rechtsstaatsprinzipien Legitimation, Gewaltenteilung sowie Bürger- und Menschenrechte in Verfassungsnorm und -realität verglichen. Anhand von Fallbeispielen soll hier der selektive Umgang mit der Verfassung durch das Kutschma Regime belegt werden. Als Quelle für konkrete Verstöße gegen die Verfassungsnorm war hier vor allem der World Report von 2003 und 2004 der NGO Human Rights Watch ausgesprochen hilfreich. Im letzten Kapitel dieser Arbeit wird schließlich mit Hilfe der Autoritarismus Theorie analysiert, ob das Kutschma Regime tatsächlich ein autoritäres Herrschaftssystem war und ob die Verfassung dazu beigetragen hat, dieses zu etablieren.

---

[25] Whitmore (2005, S. 91).
[26] Helmerich (2003, S. 56).
[27] Boeck (2007, S. 217).
[28] Simon (2005, S. 19).
[29] Kutschma war von 1994 bis 2004 Präsident der Ukraine.

Kennzeichen eines autoritären Herrschaftssystems

Die heutige Herrschaftsformenlehre geht von drei unterschiedlichen Herrschaftstypen aus: Demokratie, Autoritarismus und Totalitarismus. Während mit Demokratie Kriterien wie „Volkssouveränität, Rechtsstaatlichkeit und Partizipation des Bürgers an der Politik"[30] verbunden werden, impliziert Totalitarismus eine Herrschaftsform, in der die „Individuen einer totalen, weder durch Grundrechte noch durch Gewaltenteilung beschränkten Kontrolle unterworfen"[31] sind. Doch auch der Autoritarismus ist ein „politischer Systemtyp sui generis [und] nicht einfach eine Mischform totalitärer Regime und demokratischer Systeme."[32]

Nach der Definition von Juan J. Linz sind jene politischen Systeme autoritär, „die einen begrenzten, nicht verantwortlichen Pluralismus haben, die keine ausgearbeitete und leitende Ideologie, dafür aber ausgeprägte Mentalitäten besitzen und in denen keine extensive oder intensive politische Mobilisierung, von einigen Momenten in ihrer Entwicklung abgesehen, stattfindet und in denen ein Führer oder manchmal eine kleine Gruppe die Macht innerhalb formal kaum definierter, tatsächlich recht vorhersagbarer Grenzen ausübt."[33] Zentrales Abgrenzungsmerkmal gegenüber den anderen Herrschaftstypen ist nach Linz der begrenzte Pluralismus. In Demokratien herrscht prinzipiell ein unbegrenzter Pluralismus, wohingegen im Totalitarismus der Pluralismus gar nicht vorhanden ist. Der Pluralismus darf dabei aber nicht wie im allgemeinen Sprachgebrauch mit Vielfalt gleichgesetzt werden, sondern bedeutet aus wissenschaftlicher Perspektive betrachtet, „die Existenz gesellschaftlicher Interessen und Organisations- (Gruppen-, Verbands-) Vielfalt sowie deren Einwirkung auf die politischen Prozesse."[34] In autoritären Regimen existieren demnach „soziale, wirtschaftliche, institutionelle und politische Strukturen, [deren] Handlungsspielräume [allerdings] weitgehend von der autoritären Staatsführung [abhängen]."[35]

Der Grund für die Einschränkung des Pluralismus liegt zum einen an der Schwäche der politischen Opposition, die höchstens noch ihrer Kritik- und Kon-

---

[30] Schultze (2005, S. 129).
[31] Rieger (2005, S. 1034 f).
[32] Linz (2005a, S. 56).
[33] Linz (2005b, S. 5).
[34] Eisfeld (2005, S. 692).
[35] Linz (2005a, S. 56).

trollfunktion nachkommt, aber keine Alternative zur Regierung darstellt. Zum anderen sorgt auch die nur bedingt gegebene Gültigkeit von Verfassung und Recht dafür, dass das Handeln der politischen und gesellschaftlichen Akteure angesichts möglicher staatlicher Repressionen nur eingeschränkt möglich ist. Diese Repressionen sind trotz eines gültigen konstitutionellen Rahmens möglich, da die Regierung die Verfassungsnormen oft nur selektiv, in ihrem eigenen Interesse anwendet.[36]

Diskrepanzen zwischen Verfassungsnorm und Verfassungswirklichkeit während der Regierung Kutschmas

Legitimation

Schon der Verfassungsgebungsprozess der Ukraine war von einigen Schwierigkeiten begleitet. Erst 1996 gab sich das Land als vorletzter postkommunistischer Staat eine eigene Verfassung.[37] Der Grund für diese Verzögerung war, dass Präsident und Parlament jeweils versuchten, die Verfassung in ihrem eigenen Interesse zu beeinflussen. Aufgrund des Kompromisscharakters der Verfassung von 1996 und um den Prozess nicht noch mehr in die Länge zu ziehen, wurde die Verfassung schließlich ohne ein Referendum verabschiedet. Dies stellt nach Wolfgang Merkel ein Legitimitätsdefizit dar, denn er vertritt die Meinung, ein verfassungsgebendes Verfahren sei dann am weitesten legitimiert, wenn eine demokratisch gewählte Konstituante dem Volk einen Verfassungsentwurf vorlegt, über welchen dann abgestimmt wird.[38] Eine Verfassung, die nur von einem Staatsorgan ausgearbeitet und vom Parlament verabschiedet wird, ist „demokratietheoretisch [ein] bedenkliches"[39] Verfahren, da die Verfassung dem Volk sozusagen aufoktroyiert wird.

Seine verfassungsmäßig starke Position setzte Kutschma im Laufe der Präsidentschaft auch zur Wahlmanipulation ein, obwohl laut Verfassung die Wahlen frei, allgemein, gleich, direkt und geheim sein sollten.[40] Im Fall des Referen-

---

[36] Vgl. Maćków (2009. S. 30f).
[37] Noch länger dauerte der Verfassungsgebungsprozess nur in Polen, wo erst 1997 eine eigene Verfassung verabschiedet wurde.
[38] Vgl. Merkel (1995, S. 42f).
[39] ebd.
[40] Vgl. Art. 71 der Ukrainischen Verfassung von 1996.

dums zur Stärkung der Präsidialmacht im Jahr 2000 verstieß er durch massiven Medieneinsatz zu seinen Gunsten, eine suggestive Fragestellung und drastischen Druck auf die Wahlberechtigten von staatlicher Seite gegen diesen Grundsatz.[41] Bei den Präsidentschaftswahlen 2004, die zur orangenen Revolution führten, wurden die Wahlen sogar gefälscht, um das gewünschte Ergebnis zu erzielen. Anhand dieser Beispiele wird deutlich, dass der Anspruch der ukrainischen Verfassung, Wahlen nach westlichen Legitimationsstandards zu garantieren, faktisch nicht in die Realität umgesetzt wurde.

Gewaltenteilung

Obwohl die ukrainische Verfassung von 1996 eine Kompetenzverteilung zwischen Verchovna Rada[42], Präsident[43] und Justiz[44] enthält, fand eine politische Machtverteilung und damit eine Mäßigung der staatlichen Gewalt durch gegenseitige Kontrolle zwischen den Organen oft nicht statt. Das lag zum einen an der starken verfassungsmäßigen Stellung des Präsidenten aber auch daran, dass der Präsident Kompetenzen des Parlaments und der Regierung bei sich verortete, wie folgende Beispiele belegen.

Um die Bedeutung von Parlament und Regierung zu marginalisieren, baute Kutschma während seiner Amtszeit die „Präsidialadministration" auf. Mit dem Dekret „Über die Administration des Präsidenten der Ukraine"[45] unterstellte er alle Exekutivorgane, unter anderem auch die Regierung, der Leitung dieser Administration. Dadurch wurde die verfassungsmäßig vorgesehene Gewaltenteilung außer Kraft gesetzt, denn die Tätigkeit der Präsidialadministration konnte nicht vom Parlament kontrolliert werden, obwohl sich ihre Funktion massiv mit der Regierung überschnitt.[46]

Als zweites legales Instrument zur Ausweitung seiner Kompetenzen trieb Kutschma den Ausbau des „Rats für nationale Sicherheit und Verteidigung" voran. Obwohl in den Kompetenzbereich dieses Gremiums nur die Ausführung

---

[41] Vgl. Boeck (2007, S. 216f).
[42] Kapitel IV der ukrainischen Verfassung von 1996.
[43] Kapitel V der ukrainischen Verfassung von 1996.
[44] Kapitel VIII der ukrainischen Verfassung von 1996.
[45] In Kraft getreten am 14. Dezember 1996.
[46] Vgl. Boeck (2007, S. 215).

von Gesetzen zur Sicherheitslage fiel, übertrug Kutschma dem Rat auch die Privatisierungs- und Kulturpolitik. Des Weiteren konnte Kutschma über den Rat auf den Geheimdienst SBU zugreifen, der eigentlich dem Innenministerium unterstand.[47] Auch in den Provinzen baute sich Präsident Kutschma eine eigene Machtbasis auf. Durch die Einsetzung von Gebietsgouverneuren, die er jederzeit absetzen konnte, stellte er sicher, dass seine Anordnungen in den Regionen durchgeführt wurden. Darüber hinaus nahmen die Gebietsgouverneure auch gezielt Einfluss auf die Berichterstattung der regionalen Medien und sicherten so Kutschmas Popularität in den Provinzen. Als weiteren Verstoß gegen die Gewaltenteilung setzte sich Kutschma über das Gebot des Einkammersystems hinweg, indem er den „Rat der Regionen" (quasi als zweite Kammer) mit der Aufgabe betraute, die Präsidialmacht in den Provinzen durchzusetzen.[48]

Doch selbst in der Verfassungsnorm übertreffen die Kompetenzen des Präsidenten die des Parlaments bei weitem, so dass eine gegenseitige Kontrolle der verfassungsmäßigen Organe nur schwer vorstellbar ist. Die wichtigsten Präsidialvollmachten sind der Oberbefehl über die Streitkräfte (Art. 106, Nr. 17), die Notstandsgesetzgebung (Art. 106, Nr. 21), das suspensive Vetorecht (Art. 106, Nr. 30) sowie das Recht, das Parlament aufzulösen (Art. 106, Nr. 8). Der Präsident wirkte auch auf die Besetzung der Regierung – mit meist dem Parlament fern stehenden Vertretern zahlreicher Lobby- und Interessengruppen – ein, so dass die Regierung nie den politischen Kräfteverhältnissen im Parlament entsprach, geschweige denn eine „Cohabitation"[49] möglich gewesen wäre.

Ein weiterer Punkt, der die Stellung des Präsidenten gegenüber dem Parlament stärkt, ist die Verantwortlichkeit und Abberufbarkeit des Ministerkabinetts. Im Gegensatz zu anderen semipräsidentiellen Regierungssystemen ist in der Ukraine das Ministerkabinett dem Präsidenten verantwortlich. Das bedeutet, dass der Präsident auch ohne die Zustimmung des Parlaments die Regierung bzw. einzelne Mitglieder entlassen kann. Eine parlamentarische Kontrolle der Regierung, z.B. durch ein Misstrauensvotum, wird durch diese Regelung unmöglich gemacht.

---

[47] Vgl. Boeck (2007, S. 215f.).
[48] Vgl. Boeck (2007, S. 216).
[49] D.h. eine Regierung, die nicht dem gleichen politischen Lager angehört, wie der Präsident.

Bürger- und Menschenrechte

In ihrem Bericht über die Lage der Menschenrechte in der Ukraine aus dem Jahr 2003 stellt die NGO Human Rights Watch dem Land ein miserables Zeugnis aus.[50] Obwohl das zweite Kapitel der ukrainischen Verfassung die Menschen- und Bürgerrechte garantierte, war das Regime Kutschma von deren Umsetzung weit entfernt. Die Verfassung fungierte demnach nur als eine Art potemkinsches Dorf, um dem Ausland die Illusion zu geben, in der Ukraine werde nach den Prinzipien der Rechtsstaatlichkeit regiert. In der Realität traten aber immer wieder Verstöße gegen die Verfassungsnorm auf, angefangen bei der Einschränkung der Pressefreiheit über Folter bis hin zur Ermordung von Oppositionellen.

Artikel 34 der ukrainischen Verfassung von 1996 garantiert die Meinungsfreiheit und das Recht eigene Ansichten auch öffentlich zu verbreiten. In der Realität war die Umsetzung jedoch nicht möglich, da keine unabhängigen Medien existierten und der Staat die Medien zu Propagandazwecken missbrauchte. So waren die sechs ukrainischen Fernsehsender 2002 entweder im staatlichen Besitz oder unter der Kontrolle von dem Präsidenten loyalen Personen. Die Auswirkung war, dass die Oppositionsparteien viel weniger Aufmerksamkeit durch die Medien bekamen als der Präsident und seine Partei. Darüber hinaus nahmen die Medien ihre Kritik- und Kontrollfunktion nicht wahr, sondern berichteten immer positiv über Kutschmas Politik. Wenn Journalisten sich dennoch kritisch über die Regierung äußerten, dann mussten sie mit massiven Vergeltungsmaßnahmen durch den Staat rechnen. Das prominenteste Opfer von staatlicher Gewalt war der bekannte Journalist Georgiy Gongadze, der im Jahr 2000 verschwand und zwei Monate später enthauptet in einem Wald gefunden wurde. Die Ermordung Gongadzes soll sogar von Kutschma persönlich befohlen worden sein. Dies beweisen angeblich vom Oppositionspolitiker Olexander Moroz kurze Zeit später veröffentlichte Tonbandaufnahmen, auf denen die Planung der Ermordung zu hören ist. Die Öffentlichkeit war sich einig, dass eine der Stimmen die von Kutschma gewesen sei, doch der bestritt die Vorwürfe. Die genauen Umstände des Mordes wurden bis heute nicht aufgeklärt.[51]

Art. 28 der ukrainischen Verfassung von 1996 garantiert den Schutz der Menschenwürde und verbietet deshalb Folter bzw. andere gewalttätige Handlungen, die die Menschenwürde verletzen. Der „Human Rights Watch World Report"

---

[50] Vgl. http://www.hrw.org/wr2k3/europe15.html; Zugriff am 15.11.2010 um 17.30 Uhr
[51] Vgl. http://www.hrw.org/wr2k3/europe15.html, Zugriff am 15.11.2010 um 17.30 Uhr

von 2003 deckte allerdings umfassende Verstöße gegen diesen Artikel auf. So ist in diesem Bericht die Rede davon, dass ca. dreißig Prozent aller Gefangenen in ukrainischen Gefängnissen Opfer von Folter wurden.[52] Ebenso an der Tagesordnung während der Regierung Kutschmas waren willkürliche Festnahmen ohne richterlichen Haftbefehl, sowie miserable Haftbedingungen in den Gefängnissen.[53]

Auch in Bezug auf den Gleichheitsgrundsatz gab es in der Ukraine während der Kutschma Regierung eine Diskrepanz zwischen Verfassungsnorm und -realität. Artikel 21 und 24 legen fest, dass alle Menschen gleich behandelt werden müssen, unabhängig von ihrer ethnischen Herkunft, Geschlecht, Religion, politischen Einstellung, etc. Auch gegen diese Verfassungsnorm wurde laut dem „Human Rights Watch World Report" wiederholt verstoßen. Besonders betroffen waren die Krimtataren, die während der Sowjet Zeit deportiert worden waren und nach dem Zusammenbruch der UdSSR in ihre Heimat zurückkehren wollten. Ihnen wurde zwar der Bürgerstatus gewährt, jedoch hatten sie während der gesamten Kutschma-Ära Schwierigkeiten Arbeit und Wohnungen zu bekommen. Auch die ethnische Minderheit der Roma hatte immer wieder unter Diskriminierung zu leiden. Dies äußerte sich vor allem bei der Vergabe von Arbeitsplätzen und bei der Behandlung durch die Polizei.[54]

Einen weiteren Verstoß gegen den Gleichheitsgrundsatz stellt die mangelnde Gleichberechtigung von Mann und Frau dar. Neben den ethnischen Minderheiten hatten auch Frauen während der Regierungszeit Kutschmas große Schwierigkeiten, Arbeit zu finden. Obwohl die Universitätsabsolventen in der Mehrheit weiblich waren, mussten sich Frauen in der Wirtschaft mit 73 Prozent des Gehalts zufrieden geben, das ein Mann in einer vergleichbaren Position verdiente. Aufgrund dieser Diskriminierung waren damals 80 Prozent aller Arbeitslosen in der Ukraine weiblich.[55] Wegen der mangelnden beruflichen Perspektive und der weit verbreiteten häuslichen Gewalt versuchten viele Frauen mit Hilfe kriminel-

---

[52] ebd.

[53] In den ukrainischen Gefängnissen war die Sterblichkeitsrate 2003 zehnmal so hoch wie beim Rest der Bevölkerung. Gründe dafür waren schlechte Verpflegung, Überfüllung oder unzureichender Zugang zu medizinischer Versorgung. Wie in vielen anderen Ländern der ehemaligen Sowjet Union war auch in der Ukraine Tuberkulose in den Gefängnissen weit verbreitet. Quelle: http://www.hrw.org/wr2k3/europe15.html, Zugriff am 15.11.2010 um 17.30 Uhr

[54] Vgl. http://www.hrw.org/wr2k3/europe15.html, Zugriff am 15.11.2010 um 17.30 Uhr

[55] Vgl. http://www.hrw.org/wr2k3/europe15.html, Zugriff am 15.11.2010 um 17.30 Uhr

ler Schlepperbanden in den Westen zu kommen um dort zu arbeiten. Anstatt jedoch wie versprochen in der Gastronomie oder der Kinderbetreuung zu arbeiten, wurden die Frauen von den kriminellen Organisationen häufig gezwungen, sich zu prostituieren.[56]

Diese Beispiele stehen in massivem Widerspruch zur Verfassung und sind ein klarer Beweis dafür, dass unter Kutschma die Verfassungsnormen nur selektiv, d.h. im Interesse des Präsidenten angewendet wurden.

Ergebnis

Das Grundcharakteristikum eines autoritären Regimes ist, wie schon erwähnt, der begrenzte Pluralismus. In autoritären Regimen existieren „soziale, wirtschaftliche, institutionelle und politische Strukturen, [deren] ‚Handlungsspielräume' [allerdings] weitgehend von der autoritären Staatsführung [abhängen]."[57] Diese Strukturen gab es auch in der Ukraine während der Kutschma-Ära, denn im Gegensatz zu einem totalitären Regime gab es unter Kutschma z.b. eine Opposition und Ansätze einer Zivilgesellschaft.[58] Jedoch war deren Macht im Vergleich zum Präsidenten sehr bescheiden. In Bezug auf das Regieren äußerte sich die präsidiale Macht dergestalt, dass Kutschma sich über verfassungsmäßige Schranken (wie die Gewaltenteilung) hinwegsetzte und z.B. mit Hilfe seiner Präsidialadministration oder dem Rat der Regionen Aufgaben der Regierung oder des Parlaments übernahm. Auch seine präsidialen Vollmachten, wie z.B. das suspensive Vetorecht, nutzte er oft aus, um parlamentarische Initiativen zu blockieren.

Darüber hinaus besetzte er die Schaltstellen in Regierung und Wirtschaft mit regimetreuen Personen, die wiederum dadurch profitierten, dass Kutschma die Korruption nicht verfolgte.[59] Ein weiteres Indiz für den autoritären Charakter des Regimes ist die Durchführung von pseudo-demokratischen Wahlen zur

---

[56] ebd.

[57] Linz (2005a, S. 56f.).

[58] Deren Engagement letztlich zur orangenen Revolution führte.

[59] Die Ukraine wurde während der Regierungszeit Kutschmas auf dem Korruptionsindex von Transparency International an 106. Stelle von 133 Ländern geführt. Vor allem die Oligarchen, die die Schaltstellen in Politik und Wirtschaft besetzten, profitierten von der Korruption. Quelle: Simon (2005. S. 20).

Herrschaftslegitimation. In der Realität griff Kutschma auf Wahlmanipulationen zurück, worauf an anderer Stelle schon hingewiesen wurde. Ein letztes Argument, dass die Ukraine unter Kutschma ein autoritär regierter Staat war, ist der Einsatz des staatlichen Zwangsapparats. Wie der Fall Georgiy Gongadze zeigt, wurde Regimekritik nicht geduldet und mit allen zur Verfügung stehenden staatlichen Machtmitteln bekämpft.

Doch in wie weit war der autoritäre Charakter des Kutschma-Regimes tatsächlich schon in der Verfassung von 1996 angelegt? Sicherlich spielte das dort verankerte Übergewicht des Präsidenten gegenüber Parlament und Regierung eine wichtige Rolle bei der Etablierung der autoritären Herrschaft. Auch die Überschneidungen der Kompetenzbereiche von Präsident und Parlament, z.B. bei der Gesetzesinitiative, die der Präsident dann bei sich verortete, trugen dazu bei, dass die Herrschaft Kutschmas autoritären Charakter annahm.

Andererseitsenthält die Verfassung durchaus klare Richtlinien zur Gewaltenteilung oder zu den Menschen und Bürgerrechten, die in der Realität nicht umgesetzt wurden. Deshalb kann die Verfassung nur als eine von vielen Ursachen für die Entwicklung eines autoritären Regimes angesehen werden. Im Sinne von Karl Loewensteins Verfassungstypologie muss die ukrainische Verfassung von 1996 als nominalistische Verfassung klassifiziert werden, da die verfassungsmäßigen Normen nicht vollständig umgesetzt wurden. Dies gilt besonders für die Grundrechte, die der Staat – wann immer es ihm nötig erschien – missachtete oder außer Kraft setzen konnte.[60]

Das Wiederinkrafttreten der alten Verfassung von 1996 unter dem heutigen Präsidenten Janukowitsch bedeutet für diesen einen deutlichen Zuwachs an Macht. Die Gefahr besteht, dass die demokratischen Errungenschaften der orangenen Revolution, die in einer fehlerhaften Verfassung verankert wurden, wieder einem autoritären Herrscher zum Opfer fallen. Für den Beobachter ist es sehr verwunderlich, dass dieser Entwicklung, die sich lange abzeichnete, nicht durch eine neue demokratische Verfassung Einhalt geboten wurde. Stattdessen wurde der „Kampf um die Macht, der in der Demokratie systemnotwendig ist, immer wieder zum Kampf um die Regeln, die in einer gefestigten demokratischen Ordnung eben nicht jeden Tag zur Disposition stehen."[61] Wenn die Regierung Janukowitsch nicht zu einem Rückfall in die autoritären Zeiten unter Präsident

---

[60] Vgl. Loewenstein (1969, S. 153–157).
[61] Simon (2009, S. 312).

Kutschma werden soll, muss deshalb ein neuer verfassungsmäßiger Rahmen geschaffen werden, der eine effektive Gewaltenteilung zwischen den staatlichen Organen möglich macht. Nur so können demokratische Errungenschaften wie die Menschen- und Bürgerrechte wirkungsvoll gegenüber der staatlichen Willkür geschützt werden.

Literaturverzeichnis

Boeck, Kathrin (2007). Postsozialismus: 1989–2004. In: Boeck, Kathrin; Völkl, Ekkehard (Hrsg.): Ukraine. Von der roten zur orangenen Revolution. Regensburg.

Eisfeld, Rainer (20053). „Pluralismus/Pluralismustheorien" (Stichwort). In: Nohlen, Dieter; Schultze, Rainer Olaf (Hrsg.): Lexikon der Politikwissenschaft, Band I. München.

Helmerich, Martina (2003). Die Ukraine zwischen Autokratie und Demokratie. Institutionen und Akteure. In: Hedtkamp, G. (Hrsg.): Veröffentlichungen des Osteuropa-Institutes München. Reihe: Wirtschaft und Gesellschaft (Bd. 25). Berlin.

Linz, Juan J. (2005a). „Autoritäre Regime" (Stichwort). In: Nohlen, Dieter; Schultze, Rainer Olaf (Hrsg.): Lexikon der Politikwissenschaft, Band I. München.

Linz, Juan, J. (2005b). Schritte zu einer Definition autoritärer Regime. In: Krämer, Raimund (Hrsg.): Autoritäre Systeme im Vergleich. Potsdam.

Loewenstein, Karl (1969). Verfassungslehre. Tübingen.

Maćków, Jerzy (2009). Autoritarismus: Noch immer das System des eingeschränkten Pluralismus. In: Maćków, Jerzy (Hrsg.): Autoritarismus in Mittel- und Osteuropa. Wiesbaden.

Merkel, Wolfgang (1995). Theorien der Systemtransformation. Die demokratische Konsolidierung postautoritärer Gesellschaften. In: Politische Vierteljahresschrift, SH 26 (36), S.30–58.

Schultze, Rainer-Olaf (20053). „Demokratie" (Stichwort). In: Nohlen, Dieter; Schultze, Rainer Olaf (Hrsg.): Lexikon der Politikwissenschaft, Band I. München.

Simon, Gerhard (2005). Neubeginn in der Ukraine. Vom Schwanken zur Revolution in Orange. In: Osteuropa Heft 1/Januar. Berlin

Simon, Gerhard (2009). Delegitimierung des Autoritarismus durch Demokratisierung: Die Ukraine vor und nach dem Winter 2004/2005. In: Maćków, Jerzy (Hrsg.): Autoritarismus in Mittel- und Osteuropa. Wiesbaden.

Rieger, Günter (20053). „Totalitarismus" (Stichwort). In: Nohlen, Dieter; Schultze, Rainer Olaf (Hrsg.): Lexikon der Politikwissenschaft, Band II. München.

Whitmore, Sarah (2005). Does Institutional Design matter? Evidence from Ukraine's Parliament, 1990–2000. In: Bredies, Ingmar (Hrsg.): Zur Anatomie der Orange Revolution in der Ukraine. Wechsel des Elitenregimes oder Triumph des Parlamentarismus? Stuttgart.

Online-Quellen

Unbekannt (2003). Human Rights Watch World Report 2003: Europe & Central Asia: Ukraine. http://www.hrw.org/wr2k3/europe15.html, Zugriff am 15.11.2010 um 17.30 Uhr.

Unbekannt (2010). Präsident Janukowitsch erhält mehr Macht. http://www.spiegel.de/politik/ausland/0,1518,720717,00.html, Zugriff am 16.11.2010 um 11:00 Uhr

Oligokratie: Schwierigkeiten bei der Konsolidierung der ukrainischen Demokratie am Beispiel der Medien
von Johannes Stockerl (2010)

Massenmedien als Indikator demokratischer Konsolidierung

Im vielschichtigen Gefüge von Staatsgewalt und Zivilgesellschaft nehmen die Massenmedien eine ganz besondere Stellung ein. Diese Tatsache ergibt sich aus der Vielzahl der Überschneidungspunkte, welche beide Komplexe miteinander aufweisen. Zur Schnittmenge gehören etwa die der Legislative obliegende Pflicht bzw. das Recht zur Ausgestaltung der Rahmengesetzgebung in Bezug auf das Medienrecht, oder auch das Auftreten des Staates im Hinblick auf das Unternehmensrecht. Renè Marcic weist in dem bereits 1957 erschienenen Standardwerk „Vom Gesetzesstaat zum Richterstaat" auf die zweite, wichtige Dimension dieser Beziehung hin. Der basalen Rolle nämlich, welche die Medien in einer demokratischen Gesellschaft zum Funktionieren derselben, übernehmen müssen.[62] Dabei reichen die konkreten Aufgaben von einer Bildungsfunktion bis zur Kontrolle und Kritik der in der Gesellschaft tätigen Akteure.[63] Alleinstellungsmerkmale der Medienkonzeption im demokratischen System sind hierbei die Möglichkeit zur quasi unzensierten Artikulation, sowie die nachhaltige Kritik- und Kontrollfunktion. Dadurch unterscheidet sich ein derart charakterisiertes mediales System letztlich nur durch die fehlende starke Kontrolle bei der Weitergabe von Informationen von dem in autoritären Staaten geprägten Bild der Medien als „Transmissionsriemen".[64]

Gerade in den osteuropäischen Transformationsstaaten, die auf ihrem Weg in Richtung konsolidierte Demokratie oftmals mit vielfältigen Problemen zeitgleich zu kämpfen hatten und zum Teil bis heute haben, ist ein funktionierendes Mediensystem besonders wichtig. Das Dilemma der Gleichzeitigkeit kann in all seinen Facetten vom Einzelnen nur erfasst und die Gesamtheit der Gesellschaftsmitglieder kann diesen Konfliktfeldern ausschließlich dann in richtiger Art und Weise begegnen, wenn die Medien eine tatsächliche 4. Gewalt im Staat repräsentieren und damit aktiv am politischen Geschehen teilnehmen.

Die reziproke Idee einer Analyse ebendieses Transformationsprozesses unter dem Gesichtspunkt der Entwicklung auf dem massenmedialen Sektor wurde erstmals in einer Studie von Barbara Thomaß und Michael Tzankoff mit dem Titel „Medienentwicklung und gesellschaftlicher Wandel in Osteuropa" näher

---

[62] vgl.: René Marcic, S. 396
[63] vgl.: Wolfgang Bergsdorf, S. 79 ff.
[64] vgl.: Bernhard Schreyer, S. 140

beleuchtet.⁶⁵ Da diese Studie jedoch bereits 2003 veröffentlicht wurde, blieben die entscheidenden Entwicklungen, die sich auf diesem Feld in der Ukraine nach der Orange Revolution im Jahr 2004 vollzogen haben, gezwungenermaßen außen vor. In dem Zusammenhang ist auf die besondere Position hinzuweisen, die die Ukraine unter den osteuropäischen Transformationsstaaten einnimmt. Nach dem Zusammenbruch der UDSSR und einer beinahe nahtlos anschließenden Phase autoritärer Herrschaft unter dem Kutschma-Regime konnte das Land seine zuvor attestierte, günstige Ausgangslage in punkto Konsolidierung der Demokratie nicht halten.⁶⁶ In der unter Repressionen leidenden Zivilbevölkerung wuchs der Ärger über den autoritären Führungsstil der politischen Eliten und kulminierte schließlich in den politischen und gesellschaftlichen Umbrüchen des Jahres 2004. Die Wechselseitigkeit im Medien-Staat-Verhältnis wird unter anderem aus einer der Hauptforderungen der Demonstranten der auch unter der Bezeichnung „Medienrevolution" bekannten Ereignisse des Jahres 2004 ersichtlich, welche die Umsetzung der Meinungs- und Pressefreiheit betraf.⁶⁷

Doch wie tiefgreifend waren die durch die Orange Revolution angestoßenen Entwicklungen in punkto Demokratisierung – gerade auf dem so charakteristischen Feld der Medienfreiheit – tatsächlich? Welche Faktoren sind es, die den nachhaltigen turn-around nach der Phase der quasi-autoritären Herrschaft des Kutschma-Regimes zu verzögern bzw. vollständig zu blockieren drohen?⁶⁸ Diese Fragen sollen im Folgenden unter dem Gesichtspunkt der für eine funktionsfähige Demokratie essentiellen Einbettung der „4. Gewalt" in Staat und Gesellschaft betrachtet werden.

Dabei vertritt der Autor die These, dass das Zusammenwirken aus politischem Reformunwillen bezüglich des staatlichen Rundfunks einerseits und die breite Machtbasis der Oligarchen andererseits in Verbindung mit Lücken in der Gesetzgebung zum Medien- und Unternehmensrecht einen Abschluss der demokratischen Konsolidierung im Land nachhaltig untergraben hat.

Die anschließende Arbeit lässt sich in vier Abschnitte einteilen. Zu Beginn wird die demokratische Konsolidierung unter besonderer Beachtung der Medien anhand der wichtigsten Indizes führender Meinungsforschungsinstitute und Nicht-

---

⁶⁵ vgl.: Simone Schlindwein, S. 8
⁶⁶ vgl.: Ingmar Bredis, S. 122 ff.
⁶⁷ vgl.: Juri Durkot, S. 1
⁶⁸ vgl.: Gerhard Simon, DdA, S. 306 ff.

regierungsorganisationen (NGOs) nachgezeichnet. Im zweiten Teil erfolgt eine knappe Analyse des rechtlichen Rahmens, um anschließend auch die wirtschaftlichen Zusammenhänge näher zu beleuchten. In einer Synthese soll sodann der Versuch unternommen werden, diese Ergebnisse zu einem Bild der Lage zu verdichten, welches darüber hinaus Prognosen auf zukünftige Entwicklungen zulässt.

Literaturbericht

Die Literatur wurde in mehreren Schritten ausgewählt. Zunächst erfolgte die Betrachtung der grundlegenden Medienfunktionen und der Rolle der Massenmedien in der Gesellschaft anhand von „Die 4. Gewalt – Einführung in die politische" (Bergsdorf) und „Vom Gesetzesstaat zum Richterstaat" (Marcic). Bei der Eruierung der Bedingungsfaktoren der Orangen Revolution, sowie deren Folgen stützte sich der Autor auf „Delegitimierung des Autoritarismus durch Demokratisierung" (DdA) von Gerhard Simon, sowie „Zur Anatomie der Orange Revolution in der Ukraine" von Ingmar Bredies. Zur Erstellung der Grafiken in Bezug auf die Entwicklung und aktuelle Situation wichtiger demokratischer Kenndaten der Ukraine, wurden die Homepages der entsprechenden Meinungsforschungsinstitute, sowie die Studie „Die Ukraine in politikbezogenen Länderrankings" von Heiko Pleines verwendet. Der rechtliche Rahmen, der die ukrainischen Medien weitgehend in ihren Handlungen festlegt, sowie die sich daraus ergebenden Problemfelder wurden mit Hilfe von „Medienoligarchen – Chancen und Grenzen für die Pressefreiheit in der Ukraine" von Marina Sverdal, sowie „Zwischen Propaganda und Kommerz" von Simone Schlindwein abgesteckt. Diese Quellen kamen auch bei der Analyse der Entwicklung der staatlichen Medien zum Einsatz. Um die Rolle der Oligarchen im ukrainischen System verstehen zu können, hat sich der Autor zum einen auf „Ukrainische Seilschaften" von Heiko Pleines und zum anderen auf die Dokumentation „Die ukrainischen Oligarchen" im Überblick in den Ukraine-Analysen Nr. 54 gestützt. Darüber hinaus wurden auch mehrere Quellen aus dem Internet herangezogen, welche insbesondere den Zustand der Medien näher beleuchteten.

Die Ukraine nach der Orangen Revolution – Analyse des Status quo

Wie in der Einleitung bereits ausgeführt hat die Orange Revolution – nicht zuletzt bei den ukrainischen Journalisten – große Hoffnungen auf einen umfassenden und dauerhaften Wandel, hin zu einer nachhaltigen Konsolidierung der Demokratie im Land geweckt. Ausschlaggebend für die dezidierte Forderung nach einer Stärkung der Meinungs- und Pressefreiheit war unter anderem der Skandal um den ermordeten Journalisten Georgi Gongadse, der sich im Jahr 2000 abgespielte und die schwierige Situation der im medialen Bereich Tätigen nachdrücklich ins Bewusstsein der Weltöffentlichkeit gerückt hat.[69]

Die direkten Folgen der gesellschaftlichen Umbrüche des Jahres 2004, die auf politischer Ebene mit der Wahl des einstigen Oppositionsführers Viktor Juščenko eingeläutet worden sind, haben auch auf dem medialen Sektor ihre Entsprechung gefunden.

Von Seiten des Präsidenten wurde eine Umwandlung der Nationalen Rundfunkgesellschaft (NTKU), „„eines vom Staat kontrollierten Fernseh- und Radioveranstalters sowjetischen Typus in einen öffentlich-rechtlichen Sender […] [angekündigt]".[70] Die privaten Medienunternehmen kündigten ihrerseits die Ausarbeitung von verbindlichen Redaktionsstatuten an, welche mit der Unabhängigen Mediengewerkschaft ausformuliert werden sollten.[71] Besonders erstere Absichtserklärung blieb in der Realität jedoch weitgehend ohne Wirkung oder wurde überhaupt nicht umgesetzt.[72]

Um von einer tatsächlichen, für die weitere Konsolidierung der Demokratie essentiellen 4. Gewalt sprechen zu können, muss der Umbruch der Medien nach der bereits erwähnten Studie von Thomaß und Tzankoff auf vier zentralen Ebenen erfolgen:

- In *struktureller* Hinsicht wandeln sich die Medien von einem Anhängsel des Staatsapparates zu einem eigenen Subsystem innerhalb der Gesellschaft, mit eigenen Funktionslogiken.

---

[69] vgl.: Beate Maeder-Metcalf, S. 59 ff.
[70] Simone Schlindwein, S. 40
[71] vgl.: Juri Durkot, S. 1
[72] ebd.

- In *wirtschaftlicher* Hinsicht entstehen kommerzielle Medien und damit neue Wirtschaftsunternehmen bzw. werden die audiovisuellen Medien mitunter in öffentlich-rechtliche Trägerschaften überführt.
- Auf *rechtlicher* Eben werden neue Gesetzesgrundlagen verabschiedet und die Medien mitunter in öffentlich-rechtliche Trägerschaften überführt
- In *funktionaler* Hinsicht ändert sich die Rolle der Medien sowie deren Konsumenten: Statt als Propagandasprachrohr der Partei zu agieren, entwickeln Journalisten in diesem Prozess ein neues Selbstverständnis. Sie werden im Idealfall zu Kritikern, Aufklärern und Korrektiven und müssen nun Leser, Zuhörer oder Zuschauer als „Kunden" bedienen, die neue Ansprüche erheben.[73]

In Analogie zur Konsolidierung auf staatlicher Ebene führt nur das vollständige Durchlaufen bzw. Erfüllen aller Stationen zum Ergebnis einer freiheitlich demokratischen Gesellschaftsordnung bzw. eines unabhängigen Mediensystems.

Um zwischen Absichtserklärungen einzelner Akteure und normativem Anspruch derartiger Studien die tatsächliche Lage der Entwicklungen nach der Revolution des Jahres 2004 herausdestillieren zu können, ist zunächst eine breitere informationelle Basis notwendig. Dazu sollen im nächsten Abschnitt die wichtigsten demokratischen Kennzahlen mit Hilfe sowohl das politische, als auch das mediale System betreffender Rankings führender internationaler NGOs vorgestellt werden.

Zur Problematik von Länderrankings

Vor einer Betrachtung der konkreten Entwicklungen gilt es jedoch kurz einen Punkt im Zusammenhang mit der Aussagekraft der anschließend präsentierten Rankings anzusprechen. Es handelt sich dabei um ein Thema, über das bereits eine große Bandbreite an einschlägiger Literatur vorhanden ist (vgl. Simone Schlindwein, S. 10 ff.), weshalb hier nur die essentiellsten Aspekte erwähnt werden sollen.

Konkret geht es um die Gefahren, die ein allzu sorgloser Umgang dieser Kenndaten mit sich bringt.

---

[73] Simone Schlindwein, S. 9

Zum einen muss nämlich auf die Problematik einer scheinbaren internationalen Vergleichbarkeit hingewiesen werden, die einen unter Umständen spezifisch nationalen Charakter eines Aspektes verzerren oder sogar unterschlagen kann.[74] Diesem Einwand muss sich die folgende Untersuchung jedoch nur bedingt aussetzen, weil die relative Entwicklung einzelner Werte in Bezug auf andere Staaten von nachrangigem Interesse ist. Entscheidend ist vielmehr der absolute Verlauf des jeweiligen Wertes für das analysierte Land – hier die Ukraine – selbst.

Des Weiteren muss auf die teils große Bandbreite der Wertverläufe innerhalb einzelner Kenndaten aufmerksam gemacht werden.[75] Zur Berücksichtigung dieser Tatsache werden in den weiteren Ausführungen, soweit vorhanden, stets Indizes parallelen Inhalts angeführt und in die Abschlussbewertung entsprechend mit einbezogen. Darüber hinausgehende, grundsätzliche Bedenken über die Aussagekraft sind insofern für diese Arbeit irrelevant, als dass die Aussagen der Indizes nur im Gesamtkontext mit weiteren Faktoren zu einer finalen Zustandsbewertung herangezogen werden.[76]

Die ukrainische Demokratie in Zahlen und Trends

Aufgrund der Vielzahl der zur Entwicklung im Land vorhandenen Trends muss eine der Fragestellung angemessene Auswahl getroffen werden. Als entscheidend für die weiteren Ausführungen sieht der Autor dabei vor allem die Entwicklung auf folgenden Gebieten an, da diese in ihrer Aussagekraft im weiteren Untersuchungsverlauf der Problemstellung am besten genügen:

- Die Fortschritte bei der Umsetzung von Menschen- und Bürgerrechten
- Der Stand und die Entwicklung der Pressefreiheit im internationalen Vergleich
- Das Ausmaß der Korruption im Land
- Der Fortschritt im Hinblick auf den Transformationsprozess insgesamt

---

[74] vgl.: Simone Schilndwein, S. 10ff.
[75] vgl.: Heiko Pleines, UA 56/09 S. 3 ff.
[76] vgl.: ebd.

Der Bertelsmann Transformation Index (BTI)

Der BTI wird abgeleitet aus einem Mittelwert der Dimensionen „Demokratie", „Marktwirtschaft" und „Management". Insgesamt werden 17 Kriterien (Staatlichkeit, Politische Partizipation, Sozialordnung, Preisstabilität, Konsensbildung, etc.) einbezogen, welche anhand von 52 Fragen untersucht werden. [77] Die mögliche Spanne reicht dabei von 1 bis 10, wobei der Wert 10 das erreichbare Optimum darstellt.

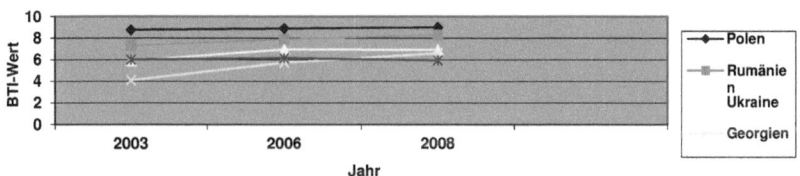

Grafik: Eigene Darstellung nach Tabelle 1: BTI Status-Index 2003-2008, Ukraine Analysen 56/09, S. 7

Freedom in the World (Freedom House)

In diesem Index wird die Freiheit und Gleichheit von abgehaltenen Wahlen im Land untersucht. Darüber hinaus werden auch die tatsächliche Kompetenz der Volksvertreter und das Recht der politischen Opposition bewertet.[78] Die Skala reicht von 1 (frei) bis 7 (unfrei).

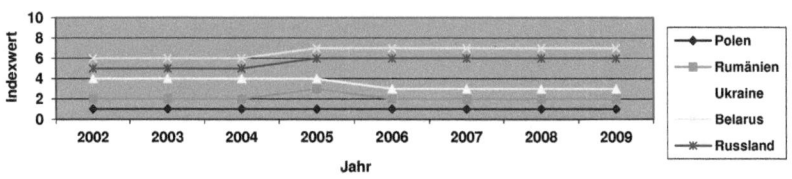

Grafik: Eigene Darstellung nach Tabelle 1: BTI Status-Index 2003-2008, Ukraine Analysen 56/09, S. 9

---

[77] http://www.bertelsmann-transformation-index.de/fileadmin/pdf/Anlagen_BTI_2010/Methodologie.pdf, 22.03.2010, 13.47 Uhr

[78] http://www.freedomhouse.org/template.cfm?page=35&year=2006, 22.03.2010, 10.39 Uhr

Freedom of the Press

Bei diesem, von Freedom House erstellten Index, wird jährlich der Grad der Pressefreiheit eines Landes im Bereich Print-, Rundfunk- und Internetmedien analysiert. Dabei erfolgt die Untersuchung anhand folgender drei Kategorien: Rechtliches Umfeld, Einfluss von Politik und Informationszugang, sowie dem ökonomischen Druck und der Verbreitung von Informationen.[79] Erzielbare Werte reichen von 0 (frei) bis 100 (unfrei) bzw. teilweise frei (31–60).[80]

Press Freedom Index 1994-2008

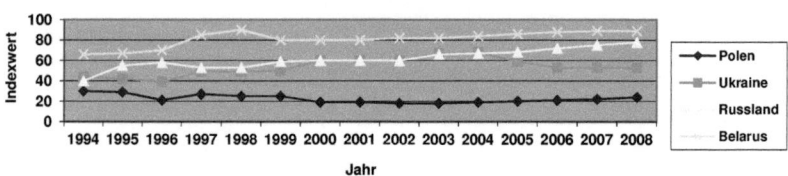

Grafik: Freedom House: Freedom of the press 1994-2008, Ukraine Analysen 56/09, S.11

Nations in transit (Medien)

Diese Indizes werden ebenfalls von Freedom House erstellt und beziehen sich speziell auf die postkommunistischen Transformationsstaaten.[81] Die Skala in den untersuchten Bereichen wie z.B. Rechtsstaatlichkeit, Medien, Korruption, reicht von 1 (demokratisch) bis 7 (autoritär).[82]

Nations in Transit: Medien 1997-2009

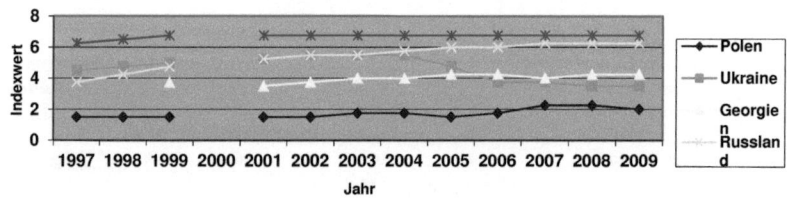

Grafik: Eigene Darstellung nach:

---

[79] http://www.freedomhouse.org/template.cfm?page=251&year=2008, 22.03.2010, 9.38 Uhr
[80] vgl.: Dokumentation in: Ukraine Analysen Nr. 56/09, S. 10
[81] http://www.freedomhouse.org/template.cfm?page=17, 22.03.2010, 10.07 Uhr
[82] http://www.freedomhouse.hu/images/nit2009/methodology.pdf, 22.03.2010, 10.19 Uhr

http://www.freedomhouse.hu/index.php?option=com_content&view=category&layout=blog
&id=46&Itemid=121, 24.03.2010, 10.18 Uhr

Nations in Transit: Korruption 1999-2009

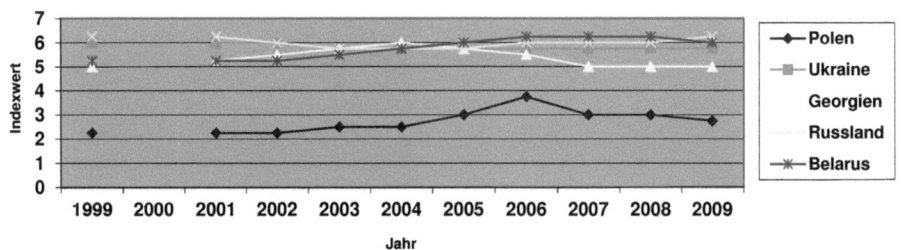

Grafik: Eigene Darstellung nach:
http://www.freedomhouse.hu/index.php?option=com_content&view=category&layout=blog
&id=46&Itemid=121, 24.03.2010, 12.39 Uhr

Press Freedom (Reporter ohne Grenzen)

Das Ergebnis von 40 Kriterien zum Umgang untersuchter Staaten im Hinblick auf die Journalisten bzw. den Journalismus als Ganzes wird in Einzelwerten ausgedrückt, die in einer nach oben offenen Liste das entsprechend angetragen werden.[83]

Press Freedom Index 2002-2009

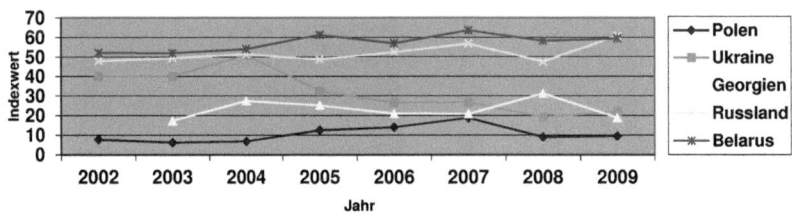

Grafik: Eigene Darstellung nach http://en.rsf.org/, 24.03.2010, 11.23 Uhr

---

[83] http://en.rsf.org/IMG/pdf/note_methodo_en.pdf, 22.03.2010, 10.30 Uhr

Corruption Perception Index (Transparecy International)

Grundlage für die Erstellung des Corruption Perception Indexes (CPI) sind 13 verschiedene Experten- und Unternehmensstudien.[84] Die Ergebnisse können von 0 (extrem korrupt) bis 10 (nicht korrupt) reichen.[85]

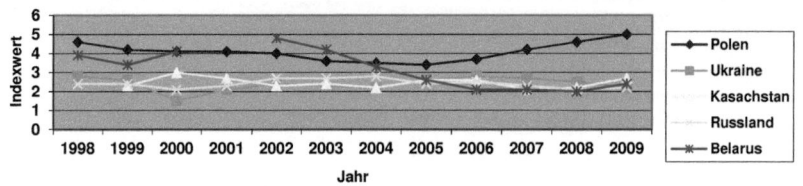

Grafik: Eigene Darstellung nach
http://www.transparency.org/policy_research/surveys_indices/cpi/2009, 23.03.2010, 09.41 Uhr

Auswertung der Länderrankings

Die eben angeführten Trends können wegen zuvor genannter Unsicherheiten natürlich kein allumfassendes Bild der politischen und gesellschaftlichen Situation im Land aufzeigen. Dennoch werden einige entscheidende Entwicklungen bezüglich Medien und Zivilgesellschaft im Transformationsstaat Ukraine ersichtlich. Obschon sich nämlich die fundamentalen Werte zum Zustand der Demokratie im Zuge der Orangen Revolution deutlich verbessert haben, hat dennoch – was sich am BTI Index zeigt – um das Jahr 2004 bzw. kurz danach der Transformationsprozess insgesamt, was sein Voranschreiten in punkto demokratische Konsolidierung anbelangt, den Zenit überschritten. Als positives Beispiel wurde hier der Political Rights Index von Freedom House angeführt, in dem die Chronologie der Ereignisse gut ersichtlich ist. In den Jahren 2002 bis 2003 lässt sich eine Stagnation beobachten, die sich im Zuge der Geschehnisse des Jahres 2004 auflöst und ab dem Jahr 2005 zu einer deutlichen Annäherung der Ukraine an die EU-Mitglieder Rumänien und Ungarn führt. Besonders negativ fällt hingegen der Korruptionsindex auf, der bezüglich der Ukraine von einem beinahe

---

[84] http://www.transparency.org/policy_research/surveys_indices/cpi/2009/methodology, 22.03.2010, 11.45 Uhr

[85] ebd.

durchgehend negativen Werteverlauf repräsentiert wird. Diese Entwicklung zeigt sich gleichermaßen beim Korruptionsindex von Freedom House und dem Corruption Perception Index von Transparency International. Ein positiver Trend ist weder aktuell, noch für die Phase nach 2004 erkennbar. Die Lücke, die zwischen dem osteuropäischen EU Mitglied Polen und der Ukraine an dieser Stelle klafft, ist beträchtlich. Die Nähe zu weiteren ehemaligen GUS-Staaten hingegen ist stark ausgeprägt. Die weitaus positivste Entwicklung hat sich jedoch in Bezug auf die Medien ereignet. Bei allen Wertverläufen lässt sich um das Jahr 2004 eine deutlich positive Tendenz erkennen, welche jedoch seit etwa 2006 in eine Stagnation übergegangen ist.

Die Diskrepanz zwischen den Daten zur Korruption, welche auch für die Medienunternehmen nicht folgenlos bleiben kann und den zunächst positiven Entwicklungen auf dem Medienmarkt wird durch die aktuelle Phase des Stillstands verständlich. Eine vollständige Einordnung dieser Problematik in den Transformationsprozess erfolgt in den weiteren Ausführungen.

Das Spannungsfeld, das sich somit in der Beurteilung des Landes zwischen dem negativen Pol „Korruption" und der positiven Seite „Medien" erstreckt, droht durch den Mangel an Eindeutigkeit in den Gesetzestexten die positive Entwicklung der Medien und damit die weitere Konsolidierung der Demokratie insgesamt zu blockieren.

Anders formuliert: Die Sonderstellung der Medien ist nicht aus dem Umfeld heraus zu erklären, in dem sie agieren, sondern steht vielmehr im Gegensatz zu diesem. Diese Tatsache wird bei der nun folgenden Analyse der entsprechenden Gesetzestexte deutlich.

Die Massenmedien in der Gesellschaft

Verfassungsrechtliche Grundlagen

Um die aus der Analyse der angeführten Rankings gewonnenen Erkenntnisse in den politischen Kontext der Ukraine einordnen zu können, bedarf es der überblicksartigen Präsentation der entsprechenden Rahmengesetzgebung. Denn erst bei einer Übereinstimmung der oben präsentierten Indizes mit der in den Gesetzestexten grundgelegten Rechtspraxis kann sich ein kontingentes Gesamtbild der Lage ergeben.

Grundsätzlich basiert die Rechts- und Gesellschaftsordnung im Land, wie die der westlichen Demokratien, auf einer Verfassung. Das Fundament der ukrainischen Meinungs- und Pressefreiheit bildet hierbei Art. 34. Darin wird ausnahmslos jedem Bürger das Recht zur freien Äußerung seiner Meinung eingeräumt, wobei im Abs. 1 bereits eine Einschränkung vorgenommen wird, insofern bestimmte kritische Teilbereiche, wie etwa die nationale Sicherheit betroffen sind.[86] Trotz dieser rechtlichen Beschneidung wird eine allerdings nicht näher spezifizierte Zensur in Art. 15 untersagt.[87] Eine Orientierung der ukrainischen Verfassung an westlichen, liberalen Ideen ist dennoch klar gegeben und somit entspricht diese durchaus westlichen Standards.[88]

Um eine praktische Umsetzung zu gewährleisten, muss aus der Legalverfassung, dem von Marcic postulierten Prinzip der Angleichung an die Realität ein entsprechendes Regelwerk an die Seite gestellt werden. Dies geschieht im Zuge der Verabschiedung einer Rahmengesetzgebung. Im Fall der Medien sind hierbei die zwei Bereiche, in denen einerseits das konkrete Verhältnis zwischen diesen Unternehmen und dem Staat, sowie andererseits die gesetzlichen Bestimmungen zu den Eigentumsverhältnissen geregelt werden, von zentraler Wichtigkeit.

Das Gesetz „Über Information" und seine Folgen

Das am 2. Oktober 1992 verabschiedete Gesetz „Über Information" bildet zusammen mit den Regelungen zur Lizenzvergabe die fundamentale Schnittstelle zwischen Massenmedien und Gesellschaft.[89] Dabei versuchte die ukrainische Legislative den Spagat zwischen der Ermöglichung eines möglichst freien Informationsflusses einerseits und dem Schutz sensibler Bereiche andererseits zu vollziehen.[90] Der staatliche Einfluss sollte als klare Distanzierung von dem sich einst vollständig in Staatshand befindlichen Mediensystem massiv reduziert und so ein freier Informationsfluss garantiert werden.[91] Andererseits sollten sensible Bereiche nicht von dieser Umgestaltung betroffen werden.[92] Das Scheitern dieses Ansatzes erklärt sich letztendlich aus der Tatsache heraus, dass die Formu-

---

[86] vgl.: http://www.rada.gov.ua/const/conengl.htm, 24.03.2010, 10.18 Uhr
[87] ebd.
[88] vgl.: http://www.kas.de/proj/home/pub/47/1/-/dokument_id-13457/, 24.03.2010, 10.36 Uhr
[89] vgl.: Marina Sverdel, S. 75 ff.
[90] vgl.: Simone Schlindwein, S. 38
[91] ebd.
[92] ebd.

lierungen, die zur Umgrenzung und Entschärfung dieses Konfliktfeldes dienen sollten, äußerst vage ausgefallen sind.[93] Der Mangel an Präzision innerhalb des Gesetzestextes eröffnet in der Praxis einen Entscheidungsspielraum für die Stellen der Judikative, die von Fall zu Fall über die Rangfolge der Interessen entscheiden müssen. Die im Jahr 2005 gegen Medienunternehmen geführten Gerichtsprozesse erreichten mit 19 zwar nicht mehr die Höchststände (66; 2002) in der Phase des Kutschma-Regimes, doch liegen sie weiterhin deutlich höher, als vor der Jahrtausendwende.[94] Selbiges gilt auch für die Zahl der Überfälle und Drohungen gegenüber Medienvertretern.[95] Da klare Vorgaben über die Höhe von Schadensersatzforderungen fehlen, nehmen diese nicht selten Größenordnungen an, welche das faktische Aus für ein Medienunternehmen bedeuten.[96]

Doch die Kritik weißt eine grundlegendere Dimension auf. Dies ist die Tatsache, dass der fundamentale Charakter der Meinungs- und somit auch Pressefreiheit durch ein Herunterbrechen auf Einzelfallentscheidungen nachhaltig untergraben wird. Die glaubhafte Ausübung einer wirksamen Kritik- und Kontrollfunktion ist in einem derartigen Umfeld schwer umsetzbar. Da auf der anderen Seite auch das Verbot der Zensur im Grundgesetz nicht näher bestimmt wird, ist ein Anklagen, geschweige denn Verurteilen einer solchen Art der Einschränkung des freien Informationsflusses kaum möglich. Die Meinungsfreiheit des Einzelnen, die – wie oben bereits angesprochen – auch und vor allem in der Ausprägung der Medienfreiheit für den Transformationsprozess von großer Bedeutung ist, steht unter rechtlichen Gesichtspunkten auf tönernen Füßen.

Die Lizenzierung als Mittel der Zugangsbeschränkung

Neben den Gesetzen zur praktischen Ausgestaltung der Medienfreiheit sind vor allem die Regelungen von großer Wichtigkeit, welche die Art und Weise festlegen, nach der der Marktzugang von Einstiegsinteressenten geregelt wird. Dies bedeutet im Fall der Ukraine mit einem Anteil von 97% Privatbesitz unter den Verbreitern massenmedialer Inhalte, dass vor allem diejenigen Gesetze einer näheren Betrachtung bedürfen, welche die Grundlage für den Markteintritt ebendieser Unternehmen bilden.[97] Dabei kann zunächst konstatiert werden, dass

---

[93] vgl.: Marina Sverdal, S. 75 ff.
[94] vgl.: Marina Sverdel, S. 70
[95] ebd.
[96] ebd.
[97] vgl.: Simone Schlindwein, S. 38

das Grundprinzip einer solchen Steuerung mit Hilfe eines Lizenzsystems verwirklicht wird. Die entsprechenden Bestimmungen finden sich im Gesetz „Über Fernsehen und Rundfunk" und orientieren sich wiederum weitgehend an dem in der Verfassung beschriebenen Prinzip der freien Meinungsäußerung und des Zensurverbots.[98] Allerdings findet man auch an dieser Stelle keine klaren Definitionen, wenn es um die Einhaltung bzw. den Verstoß gegen die im zuvor genannten Gesetz festgelegten Lizenzbestimmungen geht. Wird ein Verstoß festgestellt, erfolgt umgehend der Verlust der entsprechenden Zulassung. Ein solcher Entzug der Rundfunklizenz kommt dem faktischen Aus des betroffenen Unternehmens gleich.[99] Das zuständige Gremium für die Erteilung und den Entzug der Lizenzen ist der Nationalrat, welcher aus je vier vom Parlament und vier direkt vom Präsidenten ernannten Mitgliedern besteht.[100] Als Konsequenz einer derartigen Organisation kann zusammenfassend festgestellt werden, dass es letztlich der Entscheidung eines Teils der Legislative in Form der parlamentarischen Mehrheit obliegt, ob ein privates Medienunternehmen eine Lizenz erhält bzw. ob und wann diese entzogen wird. Der politische Einfluss, der so von Seiten des Staates erfolgt, kann dadurch als durchaus beträchtlich eingestuft werden. Beispielhaft für einen umstrittenen Lizenzentzug nach der Übertragung eines regierungskritischen Beitrags kann etwa die 2004 erfolgte Schließung des Radiosenders Kontinent angeführt werden.[101] Selbst wenn man dem Nationalrat politische Neutralität zubilligt, bleibt doch der Vorwurf der Intransparenz bestehen.[102]

Gesetzliche Regelungen zu den Eigentumsverhältnissen bei Medien

Neben dem Marktzugang ist die Art von gesetzlicher Regelung von großer Wichtigkeit, welche auf die ökonomische Seite der 4. Gewalt abzielt. In der Ukraine erkannte man dabei vor allem zwei kritische Felder, die einer gesetzlichen Ausformulierung bedurften. Dies ist zum einen die Frage, inwieweit Medienunternehmen in ausländischem Besitz sein dürfen und zum anderen, bis zu welchem Grad Konzentrationstendenzen auf den Märkten zugelassen werden sollen. Die entsprechenden Grenzwerte sind 30% für den Anteil ausländischer Unter-

---

[98] vgl.: Marina Sverdal, S. 79 ff.
[99] vgl.: Olexiy Khabyuk, S. 35
[100] vgl.: Marina Sverdal, S. 79 ff.
[101] ebd.
[102] vgl.: Olexiy Khabyuk, S. 35

nehmen an ukrainischen Medienkonzernen, sowie 35% im Hinblick auf den gesamten Markt des Landes.[103] In der praktischen Umsetzung stellt sich die Kontrolle auf Einhaltung dieser Werte von Seiten staatlicher Stellen stark differenziert dar. Während sich die Beschränkung des Einflusses externer Akteure ohne Schwierigkeiten um- und durchsetzen hat lassen, gibt es gerade beim Versuch der Unterbindung inländischer Monopolisierungsversuche große Schwierigkeiten.[104] Zwar scheinen zunächst die gesetzlichen Bestimmungen, welche einer natürlichen Person grundsätzlich nur den Besitz einer TV- oder Hörfunkorganisation zubilligen, präzise genug zu sein, um das Intendierte zu erreichen.[105] In der Realität werden diese Regelungen jedoch durch Lücken in der Gesetzgebung mit Hilfe eines so genannten Holdingsystems unterlaufen.[106] Dabei fungiert der Gründer lediglich als weisungsgebundener Verwalter des jeweiligen Unternehmens. Die tatsächlichen Eigentumsverhältnisse bleiben unklar.[107]

Bestimmungen zur Werbefinanzierung

Zu Beginn des Privatisierungsprogramms, welches im Zuge der Systemtransformation auf dem ukrainischen Mediensektor umgesetzt wurde, hat sich besonders die Frage nach der Finanzierung der neu entstandenen Rundfunk- und Pressekonzerne gestellt. In ihrer Antwort orientierten sich die für die Schaffung des gesetzlichen Rahmens zuständigen Stellen an dem in den westlichen Demokratien dominierenden Prinzip der Werbefinanzierung.[108] Da der reine Verkaufserlös bezogen auf den Gesamtumsatz nur einen Bruchteil – nämlich zwischen 20 und 30% – der notwendigen Mittel ausmacht, sind beinahe alle großen Medienunternehmen immer auch auf zahlungskräftige Werbekunden angewiesen.[109] Anders, als bei den oben angesprochenen Problemfeldern sind im Fall der gesetzlichen Vorgaben zur Werbefinanzierung die gesetzlichen Vorgaben sehr präzise und umfassend ausgefallen. Aufgrund der strikten Regelungen sind Werbeblöcke im gesamten privaten Mediensektor nur schwer verkäuflich und die dringend benötigten Einnahmen dementsprechend gering. In einigen Analy-

---

[103] vgl.: Marina Sverdal, S. 85 ff.
[104] ebd.
[105] vgl.: Olexiy Khabyuk, S. 41
[106] vgl.: Marina Sverdal, S. 93 ff.
[107] ebd.
[108] ebd.
[109] vgl.: Hermann Meyn, S. 135 f.

sen des ukrainischen Marktes werden die „starken Beschränkungen" sogar als „Grund für die Unterentwicklung des ukrainischen Werbemarktes identifiziert".[110] Es verwundert daher nicht, wenn viele Rundfunk- und Pressekonzerne dauerhaft defizitär arbeiten.[111]

Die Rolle der Oligarchen im ukrainischen Mediensystem

Wie bereits erwähnt, repräsentieren mit Anteilen von 97% am Gesamtmarkt die Akteure des privaten Rundfunk- und Pressesektors die Majorität auf dem Feld des massenmedialen Systems. Dabei zeigt sich auf dem ukrainischen Medienmark die bereits thematisierte Besonderheit des fortgesetzt defizitären Wirtschaftens, die sich aus den oben angeführten Faktoren, wie den Lücken in der Gesetzgebung einerseits und der problematischen Kapitalisierung der Unternehmen andererseits ergibt. Um die Einflusserlangung der Wirtschaftsoligarchen vollständig zu verstehen, gilt es an dieser Stelle einen Blick auf die Bevölkerungsstruktur im Land unter dem Gesichtspunkt der Vermögensverteilung zu werfen. Es kann konstatiert werden, dass es im Jahr 2002 drei UHNWIs (ultra high net worth individuals) mit einem kumulierten Vermögen von 1,7 Mrd. US-Dollar gab und diese Zahlen bis zum Jahr 2008 auf 23 Personen bzw. 23,0 Mrd. US-Dollar angestiegen sind.[112] Bei einem BIP von 123,4 Mrd. US-Dollar im Jahr 2008 zeigt sich das Ausmaß der Konzentration in den Vermögensverhältnissen des Landes, welche sich auch in den Eigentumsverhältnissen der Unternehmen widerspiegelt.[113] Auf dem massenmedialen Markt wird eine entsprechende Konzentration, die ja nach den gesetzlichen Bestimmungen verboten ist, durch die bereits angesprochene, lückenhafte Gesetzgebung ermöglicht. Eine Zunahme des Einflusses, den die ukrainischen Oligarchen auf den Mediensektor des Landes ausüben, ist folglich in diesem Maße wenig überraschend, hält man sich deren Vermögenszuwächse – sowohl relativ zu dem Gesamtbevölkerung, als auch absolut – vor Augen. Die wichtige Rolle, welche im Zusammenspiel zwischen Zivilgesellschaft und Politik der 4. Gewalt zukommt, wurde rasch von den Oligarchen erkannt und entsprechende Unternehmen in das jeweilige Fir-

---

[110] vgl.: Olexiy Khabyuk, S. 39 ff.
[111] ebd.
[112] vgl.: Ukraine-Analysen, 54/09, S. 12
[113] http://www.auswaertiges-amt.de/diplo/de/Laenderinformationen/Ukraine/Wirtschafts-datenblatt.html, 26.03.2010, 9.53 Uhr

menkonglomerat integriert.[114] Ein Gewinninteresse von Seiten dieser Akteure ist wegen der schwierigen finanziellen Lage der Medienunternehmen nicht anzunehmen.

Öffentlich-Rechtliches vs. Staatliches Medienkonzept

Auch wenn neben dem Privatbereich nur 3% des Sektors für weitere Modelle, wie etwa dem Öffentlich-Rechtlichen übrig bleiben, darf dieser Faktor nicht unterschätzt werden. Vor allem durch einen investigativen Journalismus, das heißt dem gezielten Offenlegen von problematischen Sachverhalten, kann selbst bei einer kleinen Auflage eine große Wirkung erzielt werden.

Besonders das öffentlich-rechtliche Prinzip zeichnet sich darüber hinaus speziell durch die weitgehende Unabhängigkeit von Auflage bzw. Quote und damit letztlich Werbeeinnahmen aus. Zwar ist auch bei diesem eine Einflussnahme von Seiten des Staates oder einzelner politischer Akteure nicht auszuschließen, doch kann sie mit einer entsprechenden gesetzlichen Regelung minimiert werden.[115]

Anders als zum Beispiel in Deutschland konnte sich jedoch die ukrainische Welt der Massenmedien nicht in Richtung eines konsolidierten Dualsystems hin entwickeln.[116] Die angestoßenen Reformen zur Umwandlung des „Transmissionsriemens" Staatsmedien hin zu einem unabhängigen öffentlich-rechtlichen Modell blieben auf Absichtserklärungen beschränkt.[117] Die Ursache hierfür kann in dem fehlenden politischen Willen – auch im Lager der Reformer unter Führung Viktor Juščenkos – gesehen werden, welcher auf der Vorstellung fußt, dass man auch weiterhin den staatlichen Rundfunk als „Einflussmittel" nutzen sollte.[118]

Zum Zustand des ukrainischen Mediensystems

Die voranstehenden Ausführungen zeigen, dass sowohl der Zustand der 4. Gewalt, als auch der des politischen Umfeldes von zum Teil weit reichenden Fehlentwicklungen geprägt ist. Zwar kommt etwa Prof. Dr. Gerhard Simon zu

---

[114] vgl.: Heiko Pleines, US, S. 91 ff.
[115] vgl.: Hermann Meyn, S. 207 ff.
[116] vgl.: Simone Schlindwein, S. 40
[117] ebd
[118] vgl.: Marina Sverdal, S. 84 ff.

dem Ergebnis, dass die Ukraine „ein Land der Pressefreiheit" ist, in dem es „investigative Journalisten [gibt], die unveröffentlichte Gasverträge veröffentlichen oder die Steuererklärungen führender Politiker kritisch unter die Lupe nehmen"[119] Dennoch räumt er ein, dass die Politik im Land zwar im Vergleich etwa zu Russland transparenter, aber – besonders bezüglich westlichen Standards – nicht transparent genug ist.[120] Den Gegenpol dazu bildet die Formel, mit der die ukrainische Wochenzeitung *Serkalo Nedeli* Mitte der 90er Jahre die Medienentwicklung zusammenzufassen versucht hat: „Geld + Medien = Macht".[121] Fest steht, dass nur, wenn die Massenmedien in einem dafür geeigneten Rahmen ihre Informationsfunktion in ausreichendem Maß erfüllen können, die Bürger in der Lage sind, Verfassungsordnung und -wirklichkeit zu verstehen und politische Zusammenhänge nachzuvollziehen.[122]

Wie die zuvor aufgeführten Länderrankings aber verdeutlichen, ist der tatsächliche Zustand der Medienfreiheit im Land äußerst vielschichtig. Es kann zunächst festgehalten werden, dass man sich im Zuge der Umwandlung der staatlichen Medien in einen Privaten Sektor von Seiten des ukrainischen Staates durchaus auf den positive Zusammenhang zwischen einem hohen Faktor „Privateigentum" und einem niedrigen Faktor „Staatseigentum" bezüglich der Eigentümerverhältnisse an den Medien berufen konnte. Vergleicht man nämlich die Art der Finanzierung mit der Position des jeweiligen Landes im Index für Pressefreiheit, so zeigt sich, dass ein geringer Staatseinfluss in Form niedriger staatlicher Beteiligung an den Medien positiv mit dem Grad an der jeweils erreichten Pressefreiheit korreliert.[123] Eine nicht nur in rechtlicher, sondern auch in wirtschaftlicher Hinsicht freie Medienlandschaft hat darüber hinaus noch weitere, der demokratischen Ordnung zuträgliche Folgen, wie etwa eine geringere Korruption oder eine gestärkte Fähigkeit, politische Minderheiten zu integrieren.[124]

Für die Ukraine erweist sich diese Regel im weiteren Verlauf der demokratischen Konsolidierung jedoch als nur von eingeschränkter Gültigkeit. Simone Schlindwein weist in diesem Zusammenhang auch zu Recht auf die Tatsache

---

[119] Ukraine-Analysen, 54/09, S. 8.
[120] vgl.: Ukraine-Analysen, 54/09, S. 8.
[121] vgl.: Simone Schlindwein, S. 38.
[122] vgl.: Peter Filzmaier, S. 9
[123] vgl.: Gerald Hosp, S. 72 f.
[124] ebd.

hin, dass bei der Pressefreiheit neben dem inhaltlichen auch ein wirtschaftlich-unternehmerischer Anteil gegeben sein muss.[125] Vorangegangene Fehlentwicklungen bei der Privatisierung von Staatsbetrieben und die Herausbildung einer finanziell mächtigen Schicht von Oligarchen, ließen den Anspruch der Erlangung einer größeren Meinungspluralität ins Leere laufen.

Neben der mangelhaften finanziellen Unabhängigkeit der Medien muss auch auf die rechtlichen Unsicherheiten hingewiesen werden, welche einer weiteren demokratischen Konsolidierung konträr gegenüberstehen.

Somit kann bei der zusammenfassenden Analyse der Situation bezüglich der von Thomaß und Tzankoff postulierten Notwendigkeit zu Reformen auf den vier zentralen Ebenen gesagt werden, dass:

- Strukturelle Defizite bestehen, da die Umwandlung vom staatlichen Mediensektor in einen öffentlich-rechtlichen nicht vollzogen worden ist. Die im Anschluss an die Orange Revolution folgende Phase der Präsidentschaft von Viktor Juščenko wurde nicht zum lange angekündigten Umbau des Mediensystems genutzt. Die Staatsmedien sind daher weiterhin als Anhängsel des Staatsapparates zu bezeichnen.
- Wirtschaftlich erfolgte die Umwandlung in kommerzielle Medien bereits vor den Ereignissen des Jahres 2004. Dabei ist die wirtschaftliche Unabhängigkeit durch die undurchsichtigen Besitzverhältnisse und die rigide Regelung bezüglich der Schaltung von Werbung nur unzureichend umgesetzt.
- Die rechtlichen Grundlagen wurden nur mangelhaft an die Entwicklungen auf dem Medienmarkt seit der Phase der Privatisierungen angepasst. Eine Vielzahl von Gesetzeslücken gefährdet die Unabhängigkeit der Journalisten.
- Einzig in funktionaler Hinsicht hat sich mit der Orangen Revolution eine auch in Zahlen messbare Veränderung vollzogen. Durch Selbstverpflichtungen konnten die Medienvertreter ein neues Selbstverständnis entwickeln. Die Kritik und Kontrollfunktion wird dabei im Rahmen der oben beschriebenen Grenzen zufriedenstellend ausgeübt.

---

[125] vgl.: Simone Schlindwein, S. 2

Die Ukraine nach der Orangen Revolution – Ausblick in eine ungewisse Zukunft

Die Fehlentwicklungen und Probleme, die in obiger Arbeit auf dem für die weitere demokratische Konsolidierung so wichtigen Sektor der Massenmedien konstatiert wurden, scheinen für eben diesen Prozess düstere Aussichten erahnen zu lassen. Die Indizes zum Fortschritt der Transformation treten auf der Stelle und vor allem die Entwicklung der Korruption kann wenig zuversichtlich stimmen. Demgegenüber steht jedoch die Zäsur, die sich in Punkto Presse- und Meinungsfreiheit seit der Orange Revolution im Jahre 2004 erkennen lässt und bis heute anhält. Diese Entwicklung ist umso bemerkenswerter, als sich die Rahmenbedingungen, unter denen die Arbeit in diesem Sektor erfolgt, auch seit der Machtübernahme der Opposition kaum bzw. kaum merklich geändert haben. Defizite in der Entwicklung des öffentlich-rechtlichen Rundfunks fallen hierunter genauso wie der problematische Einfluss der Oligarchen mit ihren Medienimperien. Auch wenn durch die angesprochenen Überregulierungen des Werbemarktes wohl auch in Zukunft nicht mit einer Verbesserung der wirtschaftlichen Situation der Unternehmen und damit ihrem Eintritt in ein selbstbestimmtes Arbeiten ohne Anweisungen vom Eigentümer zu erwarten ist, zeigen sich die positive Errungenschaften im Zuge der Selbstverpflichtungen einzelner Redaktionen. Diese spiegeln sich besonders deutlich in einer repräsentativen Umfrage aus dem Jahr 2008 wider. Bei der Frage, ob der Wille der Bevölkerung die Grundlage für die Macht der Regierung sein sollte, hat sich die Ukraine mit 77% starker Zustimmung an die Spitze eines Feldes gesetzt, auf dem Polen mit 57%, Großbritannien mit 55% und die USA mit 44% gefolgt sind.[126] Im Hinblick auf das Vertrauen der Bürger, welches sie der Regierung „fast immer" oder „immer" entgegenzubringen bereit sind, zeigen sich die Ukrainer mit 20% deutlich hinter den Vergleichsländern (USA: 40%, Großbritannien: 32%). Das Bild klart sich weiter auf, wenn die Frage gestellt wird, ob „Sie der Meinung sind, [dass] das Land von den Interessengruppen einiger weniger gelenkt wird, die sich um ihre eigenen Interessen kümmern".[127] Hier stimmt eine überwältigende Mehrheit von 84% der Bevölkerung zu, was auch im Vergleich zu den Werten der USA (80%), sowie Polen (63%) einen Spitzenwert darstellt.[128]

---

[126] vgl.: Ukraine Analysen 40/08, S. 18
[127] vgl.: Ukraine Analysen 40/08, S. 6
[128] ebd.

Diese Zahlen deuten darauf hin, dass trotz des problematischen Rechtsrahmens ein Bewusstsein in der Bevölkerung für die Probleme des Landes geschaffen werden konnte.

Als Resümee kann festgehalten werden, dass zwar eine starke Zustimmung der ukrainischen Bevölkerung zum politischen System besteht, dass aber die Arbeit der Akteure – auch nach der Orange Revolution – negativ beurteilt wird. Sollen auf diesem Gebiet weiterhin merkliche Fortschritte erzielt werden, wird auch die Durchsetzung gesetzlicher Reformen unerlässlich bleiben. An dieser Stelle schließt sich der Kreis, denn um einem Machtmissbrauch Einzelner oder der Bildung breiter Elitenkartelle innerhalb der Legislative vorzubeugen bedarf es Winfried Steffani zufolge zunächst der „[…] öffentlich dramatisierten Kritik der Opposition […]" innerhalb des parlamentarischen Systems.[129] Diese ist aber nur in einem entsprechend entwickelten Mediensystem umzusetzen. Nur, wenn die Reform des Mediensystems gelingt, kann die demokratische Konsolidierung Erfolg haben und umgekehrt.

Ob sich ein solcher Prozess mit dem seit Februar 2010 regierenden Präsidenten Viktor Yanukovych, gegen den sich in der Orange Revolution des Jahres 2004 die Proteste der Demonstrierenden hauptsächlich gerichtet haben, vollziehen kann, darf bezweifelt werden. Ohne entsprechend umfassende Reformen des rechtlichen Rahmens ist davon auszugehen, dass sich weder die Kenndaten zum Zustand der Medien, noch zum Fortschritt des Landes in Richtung konsolidierter Demokratie insgesamt positiv entwickeln werden.

---

[129] vgl.: Winfried Steffani, S. 26

Literaturverzeichnis

Monographien

Bergsdorf, Wolfgang: Die 4. Gewalt – Einführung in die politische Massenkommunikation, Mainz 1980.

Bredis, Ingmar: Zur Anatomie der Orange Revolution in der Ukraine, Stuttgart 2005.

Hosp, Gerald: Medienökonomik – Medienkonzentration, Zensur und soziale Kosten des Journalismus, Konstanz 2005.

Marcic, René: Vom Gesetzesstaat zum Richterstaat, Vienna 1957.

Meyn, Hermann: Massenmedien in Deutschland, Konstanz 1999.

Pleines, Heiko: Ukrainische Seilschaften, Berlin 2005.

Steffani, Winfried: Gewaltenteilung und Parteien im Wandel, Wiesbaden 1997.

Sverdal, Marina: Medien-Oligarchen, Köln 2008.

Aufsätze aus Sammelbänden

Filzmaier, Peter: „Wag the dog?" in, Politik und Medien – Medien und Politk, hrsg. von Peter Filzmaier, Matthias Karmasin und Cornelia Klepp, 2006, WUV, Wien, S. 9–50.

Simon, Gerhard: „Delegitimierung des Autoritarismus durch Demokratisierung – Die Ukraine nach dem Winter 2004/2005" in, Autoritarismus in Mittel- und Osteuropa, hrsg. von Jerzy Mackòw, 2009, Vs, Wiesbaden, S. 307–320.

Publikationen aus dem Internet

Durkot, Juri: Der aktuelle Zustand der Medien in der Ukraine: http://w3x.net/rmi/rh/download/ar-5088-4510-8413_DURKOT.pdf, 27.03.2010, 8.53 Uhr

Khabyuk, Olexiy: Der Ukrainische Runfunk zwischen Staat und Markt. Platz für einen dritten Weg? http://www.rundfunk-institut.uni-koeln.de/institut/pdfs/18004.pdf, 28.03.2010, 19.26 Uhr

Maeder-Metcalf, Beate: „Mangelnde Pressefreiheit in der Ukraine":
http://www.internationalepolitik.de/ip/archiv/jahrgang2001/oktober01/man
gelnde- pressefreiheit-in-der-ukraine--europa-muss-reformen-starker-
einfordern.html, 28.03.2010, 20.38 Uhr

Ukraine Analysen 40/08:
http://www.laenderanalysen.de/ukraine/pdf/UkraineAnalysen40.pdf,
28.03.2010, 16.31 Uhr

Ukraine Analysen 54/09:
http://www.laenderanalysen.de/ukraine/pdf/UkraineAnalysen54.pdf,
24.03.2010, 11.27 Uhr

Ukraine Analysen 54/09: http://www.laender-
analysen.de/ukraine/pdf/UkraineAnalysen56.pdf, 24.03.2010, 13.48 Uhr

Schlindwein, Simone: Zwischen Propaganda und Kommerz – Medi-
en(un)freiheit in Südost-, Mittelost-, und Osteuropa: http://www.n-
ost.de/cms/images//studie%20pressefreiheit.pdf, 24.03.2010, 19.33 Uhr

http://www.bertelsmanntransformationindex.de/fileadmin/pdf/Anlagen_BTI_20
10/Methodologie.pdf, 22.03.2010, 13.47 Uhr

http://www.freedomhouse.org/template.cfm?page=35&year=2006, 22.03.2010,
10.39 Uhr

http://www.freedomhouse.hu/index.php?option=com_content&view=category&
layout=blog&id=46&Itemid=121, 24.03.2010, 10.18 Uhr

http://en.rsf.org/, 24.03.2010, 11.23 Uhr

http://en.rsf.org/IMG/pdf/note_methodo_en.pdf, 22.03.2010, 10.30 Uhr

http://www.transparency.org/policy_research/surveys_indices/cpi/2009/methodo
logy, 22.03.2010, 11.45 Uhr

http://www.transparency.org/policy_research/surveys_indices/cpi/2009,
23.03.2010, 09.41 Uhr

http://www.rada.gov.ua/const/conengl.htm, 24.03.2010, 10.18 Uhr

http://www.kas.de/proj/home/pub/47/1/-/dokument_id-13457/, 24.03.2010,
10.36 Uhr

http://www.auswaertigesamt.de/diplo/de/Laenderinformationen/Ukraine/Wirtsch
aftsdatenblatt.html, 21.03.2010, 16.44 Uhr

Ukraine –
jüngere politische Entwicklungen seit September 2007
von Nico Carl (2011)

Die Neuwahlen im September 2007

Situation vor den Wahlen

Nach dem anfänglichen Euphemismus in Europa, bezüglich der Orangenen Revolution im Jahr 2004, ging das demokratische Bündnis jedoch im August 2005 bereits wieder in die Brüche. Juschtschenko entließ Timoschenko aus dem Amt der Ministerpräsidentin und in den Parlamentswahlen 2006 wurde die Partei der Regionen unter Janukowitsch relativ stärkste Partei. Somit kam es zu einer großen Koalition zwischen den Parteien Janukowitschs und Juschtschenkos. Die Machtkämpfe innerhalb der Ukraine werden von vielen Experten als Austragung persönlicher Interessen einzelner Politiker gesehen, deren Anliegen die Sicherung ihrer Macht ist. Jedoch bleiben drei Grunderrungenschaften der Orangenen Revolution erhalten. Die freien und fairen Wahlen, die Freiheit der Medien und die Trennung der Verwaltung von den politischen Kräften. Dieser Weg in eine demokratische Gesellschaft wird von einem Großteil der Bevölkerung getragen und auch die Spaltung der Ukraine drohte zu keinem Zeitpunkt der Orangenen Revolution ernsthaft. Jedoch zeigten die Neuwahlen im September 2007, dass die Ukraine immer noch weit entfernt ist von einer gefestigten Demokratie. So scheiterte die Zusammenarbeit in der großen Koalition zwischen dem Block „Unsere Ukraine" (Juschtschenko) und der „Partei der Regionen" (Janukowitsch). Der Ministerpräsident Janukowitsch verstieß häufig gegen Abmachungen mit dem Staatspräsidenten Juschtschenko. Außerdem strebte der Ministerpräsident eine Zweidrittelmehrheit im Parlament an, die ihm eine Änderung der Verfassung in seinem Sinne ermöglichen würde, indem er mehrere Volksvertreter zu einem Wechsel der Fraktion bewog.[130]

Die Aprilkrise

Der eigentliche Auslöser für die Neuwahlen war die Aprilkrise 2007. Juschtschenko bewirkte eine Auflösung des Parlaments und setzte somit vorgezogene Neuwahlen an. Jedoch wehrte sich die Mehrheitsfraktion von Janukowitsch gegen diese Verfügung, tagte weiter und fasste sogar Beschlüsse. Diese wurden jedoch vom Präsidenten Juschtschenko für ungültig erklärt. Die Auflösung des Parlaments zählt als juristisch nicht eindeutig geklärt, jedoch kommt

---

[130] vgl. Lüdemann, Ernst: „Nach den Septemberwahlen 2007 – innerukrainische Gegensätze" in: Bernd Rill (Hrsg.), Die Ukraine – Partner der EU (Hans Seidel Stiftung), Seite 19f.

auch die Rolle des Präsidenten als Hüter der Verfassung ins Spiel. Eine Zweidrittelmehrheit, die die Verfassung ändern kann, sollte nur durch Wahlen legitimiert sein. Auch das Verfassungsgericht konnte dies nicht klären, da es durch entgegengesetzte politische Einflüsse blockiert war.[131]

Versuch Janukowitschs die Neuwahlen zu verhindern

Durch einen „Einmarsch" der „Blauen" in Kiew, das heißt seiner Gefolgsleute, versuchte Janukowitsch die Neuwahlen zu verhindern. Es wurden mehrere tausend Anhänger in Bussen aus den östlichen Bezirken der Ukraine nach Kiew gefahren. Dort wurden Zeltstädte aufgeschlagen und Ansprachen gehalten, jedoch kam es zu keinen Ausschreitungen. Ein Grund dafür ist sicherlich das Handgeld und die freie Anreise nach Kiew, die die Janukowitsch-Anhänger bekamen. Die Gegenforderung Janukowitschs den Präsidenten neu zu wählen, verhinderte dieser durch die Sicherung der Unterstützung Timoschenkos, aller Kommandeure der bewaffneten Kräfte und der Zentralen Wahlkommission.[132]

Wahlergebnis und Koalitionsmöglichkeiten

Nach Urteil der westlichen Wahlbeobachter verlief die Wahl frei und fair. Die „Partei der Regionen" wurde wieder relativ stärkste Partei mit 34,37%. Der Block Julia Timoschenko nahm stark zu und erhielt 30,71%. Somit ist sie die eigentliche Gewinnerin der Wahl. Der Block des Präsidenten „Unsere Ukraine" erhielt 14,15%. Als neue politische Kraft kam der Block „Lytvyn" ins Spiel, der zwar mit 3,96% nur knapp die 3%-Hürde erreichte, jedoch bei der Regierungsbildung das Zünglein an der Waage spielen könnte. Das Ergebnis reichte für eine knappe Mehrheit der Orangenen, das heißt der demokratischen Kräfte, vertreten durch Timoschenko und Juschtschenko. Eine breitere Basis durch den Block „Lytvyn" scheiterte an der zuerst neutralen Position der Partei und die Unterstützung durch den Block „Partei der Regionen" wurde schon aus Gründen der erzwungenen Neuwahlen abgelehnt. Lediglich wurden Gespräche mit dieser geführt um die Opposition zu einer konstruktiveren Haltung zu führen und breitere Möglichkeiten dieser zur Kontrolle der Regierung zu beschließen. Erste politi-

---

[131] vgl. ebd., Seite 20.
[132] vgl. Lüdemann, Ernst: „Nach den Septemberwahlen 2007 – innerukrainische Gegensätze" in: Bernd Rill (Hrsg.), Die Ukraine – Partner der EU (Hans Seidel Stiftung), Seite 20.

sche Erfolge zeigten sich durch die Bestätigung eines Vertreters der demokratischen Parteien als Parlamentssprecher und der Wahl Julia Timoschenko zur Ministerpräsidentin. Sie setzte auf einen neuen Kurs und einige Zielpunkte ihrer Politik waren die Annäherung an Europa und die NATO, Entschädigungen für die Entwertung sowjetischer Spareinlagen und die Abschaffung der Wehrpflicht. Auch die Sprachenfrage, das heißt die Erhebung von Russisch zur zweiten Staatssprache spielte eine Rolle in der Politik. Vor allem die „Partei der Regionen" und die Kommunisten benutzten dieses Thema, um die Bevölkerung auf ihre Seite zu ziehen. Die Sprachenfrage zeigt jedoch auch die Rolle der ukrainischen Sprache und somit die Distanzierung von Russland in Form von der Entwicklung eines ukrainischen Patriotismus.[133]

Ausblick für die Zeit nach der Neuwahl

Betrachtet man nun die Folgen dieser vorgezogenen Neuwahl, so kann keineswegs von einer Vertiefung der innerukrainischen Gegensätze gesprochen werden. So sank der Anteil der Gebiete, die traditionell unbestritten von einer Partei dominiert werden auf ein Viertel und sowohl die Anteile für Timoschenko und Juschtschenko in den östlichen und südlichen Gebieten stiegen, als auch der Anteil Janukowitschs in den westlichen Gebieten der Ukraine. Auch schreitet eine Abgrenzung von sowjetischen Traditionen zunehmend fort. So werden Denkmäler von Sowjethelden und sowjetische Straßennamen zunehmend ersetzt. Auch eine Verarbeitung und Klärung der Vergangenheit, vor allem das Verhältnis ukrainischer Militärorganisationen zu den Nationalsozialisten im Dritten Reich wird aufgeklärt. Genauso kommt es zur Deklaration eines Hungermassenmordes an Millionen ukrainischen Bauern durch die sowjetischen Machthaber 1932/1933 zum Genozid. Jedoch steht die Ukraine auch vor einigen Problemen. Die relativ schwache Verfassung, Korruption sowie soziale und demografische Probleme sind Themen, die die Regierung in Angriff nehmen muss. Jedoch haben diese Wahlen bewiesen, dass in der Ukraine bereits feste demokratische Grundstrukturen bestehen, die darauf warten ausgebaut zu werden.[134]

---

[133] vgl. ebd., Seite 21ff.

[134] vgl. Lüdemann, Ernst: „Nach den Septemberwahlen 2007 – innerukrainische Gegensätze" in: Bernd Rill (Hrsg.), Die Ukraine – Partner der EU (Hans Seidel Stiftung), Seite 24ff.

Die Präsidentschaftswahlen 2010

Situation vor den Wahlen

Im ersten Wahlgang kristallisierte sich heraus, das Janukowitsch und Timoschenko die beiden stärksten Kandidaten sind. Um im zweiten Wahlgang die Wahl für sich zu entscheiden versuchte zum Beispiel Julia Timoschenko Stimmen im proeuropäischen Westen zu sammeln.[135]

Wahlergebnis und Vorwurf der Wahlfälschung

Janukowitsch gewann die Wahl zum Staatspräsidenten mit 48,9% der Stimmen. 45,4% der Stimmen gingen an Timoschenko. Vor allem im Westen der Ukraine gab es eine große Anzahl an Hochburgen, die für Julia Timoschenko stimmten. Die Zentrale Wahlkommission und ausländische Wahlbeobachter kamen zu dem Urteil, dass die Wahl nach demokratischen Standards abgelaufen ist und keine Wahlfälschung vorliegt.[136]

Somit war die Präsidentenwahl 2010 bereits die dritte demokratische Wahl in der Ukraine und diese stellt somit eine Vorreiterrolle im demokratischen Staatsaufbau unter den Nachfolgestaaten der Sowjetunion dar. Lediglich die drei baltischen Staaten sind bereits weiter fortgeschritten. Jedoch stellt der Sieg Janukowitschs auch eine Gefahr für diese junge und noch schwache Demokratie dar und auch die Verliererin Julia Timoschenko muss beweisen, dass sie eine gute Oppositionsführerin ist und ihre Niederlage anerkennen.[137] Jedoch focht Timoschenko die Wahl mit der Begründung der Wahlfälschung an. Unregelmäßigkeiten wie verschwundene Wahlprotokolle im Osten der Ukraine waren einige Beispiele, an denen sie die Anschuldigungen festmachte. Wahlunregelmäßigkeiten hätten zu einer Neuauszählung bis hin zu einer Neuwahl führen können.[138] Einige Tage später nahm Timoschenko jedoch ihre Beschwerde zurück. Sie hatte

---

[135] vgl. Schuller, Konrad: „Mit Schwüren, Schmelz und Stöhnen" in Frankfurter Allgemeine Zeitung, 3.2.2010.
[136] vgl. Schuller, Konrad: „Timoschenkos Schweigen" in Frankfurter Allgemeine Zeitung, 9.2.2010.
[137] vgl. Veser, Reinhard: „Reifeprüfung" in Frankfurter Allgemeine Zeitung, 9.2.2010.
[138] vgl. Schuller, Konrad: „Timoschenko erkennt Niederlage nicht an" in Frankfurter Allgemeine Zeitung, 10.2.2010.

immer noch eine relativ sichere, wenn auch geringe Mehrheit im Parlament, wodurch sie eine starke Gegenmacht zu Janukowitsch darstellte.[139]

Folgen aus der Wahl

Janukowitsch sah für die Ukraine eine neue Position im Verhältnis zur Europäischen Union und zu Russland vor. So sollte die Ukraine als Brücke zwischen der EU und Russland dienen. Dies würde auch den wirtschaftlichen Interessen entgegenkommen, denn die Ukraine benötigt zum einen Stahl aus den freien Märkten des Westens, als auch Gas aus Russland, um die Industrie im Osten unterhalten zu können.[140] Jedoch erfolgte zu Beginn von Janukowitschs Amtszeit eine massive Annäherung an Russland. So wurden die Verlängerung der Stationierung der Schwarzmeerflotte Russlands und die Sanierung des Gasleitungsnetzes der Ukraine, sowohl durch Russland als auch die Europäische Union, anfänglich zu wichtigen Themen. Die Ukraine sollte ein „europäischer blockfreier Staat"[141] werden.

Wahl des neuen Ministerpräsidenten Asarow

Misstrauensvotum gegenüber Timoschenko

Auslöser für die Wahl eines neuen Ministerpräsidenten im März 2010 war die Beendigung des Bündnisses im Parlament zwischen den demokratischen Kräften und dem Block „Lytvyn". Daraufhin forderte Timoschenko ein Misstrauensvotum[142], welches positiv verlief. Folglich musste ein neues Kabinett gewählt werden, um den neuen Ministerpräsidenten zu bestimmen. Jedoch kann dies nur geschehen, wenn eine Mehrheitskoalition entsteht, das heißt mehrere Parteien müssen sich en bloc zusammenschließen. Dieses Gesetz wurde geschaffen um sich vor dem Kauf von Abgeordneten zu schützen. Am wahrscheinlichsten wur-

---

[139] vgl. Schuller, Konrad: „Nun folgt der Kampf der Institutionen" in Frankfurter Allgemeine Zeitung, 22.2.2010.

[140] vgl. Schuller, Konrad: „Schwankende Brücke" in Frankfurter Allgemeine Zeitung, 10.2.2010.

[141] Mauder, Ulf: „Zwischen Kiew und Moskau setzt Tauwetter ein" in Neue Presse Kronach, 9.2.2010.

[142] vgl. Schuller, Konrad: „Timoschenko: Ich bin bereit, sofort zurückzutreten" in Frankfurter Allgemeine Zeitung, 3.3.2010.

de eine Koalition zwischen der „Partei der Regionen" und dem Block „Unsere Ukraine" gesehen. Der Seitenwechsel des Blocks „Unsere Ukraine" hätte mit den starken Verlusten erklärt werden können, die diese Partei bei Neuwahlen eingefahren hatte.[143]

Neues Gesetz zur Wahl des Ministerpräsidenten und Wahl von Asarow

Eine Mehrheit im Parlament, gestützt durch einige Überläufer aus dem demokratischen Lager, beschloss ein neues Gesetz, welches die Wahl des Ministerpräsidenten erleichterte. Somit konnten die Abgeordneten individuell abstimmen und mussten sich nicht nach den Fraktionen, das heißt en bloc richten. Timoschenko sprach währenddessen von einem Verfassungsstreich und drohte mit einer Klage vor dem Verfassungsgericht. Hintergrund war, dass Janukowitsch einzelne Überläufer aus dem demokratischen Lager reichten um einen neuen Ministerpräsidenten zu wählen.[144] Das Verfassungsgericht der Ukraine kam jedoch zu dem Entschluss, dass die Änderungen zulässig sind und Asarow somit der neue rechtmäßige Ministerpräsident der Ukraine ist. Timoschenko spricht jedoch von Korruption, da Janukowitsch jeden Richter mit eine Million Dollar dazu bewegt haben soll, regierungsfreundlich zu entscheiden.[145]

Politische Entwicklungen nach der Wahl des neuen Ministerpräsidenten

Nach der Wahl des neuen Ministerpräsidenten Asarow steht die Ukraine nun zwischen der Wahl zwischen der EU und Russland. Schon im März 2010 forderte Janukowitsch ein Gesetz gegen den NATO-Beitritt der Ukraine.[146] Im Juli

---

[143] vgl. Schuller, Konrad: „Misstrauensvotum gegen Ministerpräsidentin Timoschenko" in Frankfurter Allgemeine Zeitung, 3.3.2010.

[144] vgl. Schuller, Konrad: „Sieg für Janukowitschs Lager im ukrainischen Parlament" in Frankfurter Allgemeine Zeitung, 10.3.2010.

[145] vgl. Schuller, Konrad: „Timoschenkos Klage erfolglos" in Frankfurter Allgemeine Zeitung, 9.4.2010.

[146] vgl. Veser, Reinhard: „Janukowitsch: Gesetz gegen Nato-Beitritt" in Frankfurter Allgemeine Zeitung, 18.3.2010.

desselben Jahres brachte das Parlament dieses Gesetz letztendlich auf den Weg.[147]

Bereits Ende April kam es zu einer richtungsweisenden Entscheidung. Das Parlament ratifizierte ein Flotten- und Gasabkommen zwischen der Ukraine und Russland. Inhalt dieses Abkommens waren zum einen Rabatte auf russisches Öl für die Ukraine im Wert von 40 Milliarden Dollar. Zum anderen wurde die Stationierung der russischen Schwarzmeerflotte bis mindestens 2042, aber maximal 2047, beschlossen. Eigentlich sollte diese bereits 2017 abziehen. Daraufhin gab es massive Kritik seitens der demokratischen Fraktion. Timoschenko kündigte juristische Schritte an und außerdem kam es zur Detonation von Rauchbomben[148], Eierwürfen und mehreren Faustkämpfen im Parlament.[149]

Folglich kam es zu einer festen Bindung der Ukraine an Russland, zu einer energiepolitischen Abhängigkeit und einem großen russischen Einfluss auf die ukrainische Innenpolitik. Auch das Verhalten der Justiz deutet darauf hin, dass die Innenpolitik der Ukraine immer mehr „Moskauer Modellen"[150] gleicht. Denn das sonst so entscheidungsunfreudige Verfassungsgericht stimmte sowohl bei der Änderung des Rechts zur Wahl des Ministerpräsidenten als auch zur Verlängerung des Flottenvertrags zu und somit im Sinne der Regierung. Auch die Korruption ist ein ernsthaftes Problem, denn die Ukraine ist auf Platz 146 von 180 auf dem Internationalen Korruptionsindex und somit Schlusslicht. Außerdem stellen doppeldeutige Gesetzespassagen, die je nach Regierung und politischer Situation von der Justiz unterschiedlich interpretiert werden eine Gefahr für die junge Demokratie dar.[151]

Auch die Folgen der Gasrabatte sind mit Skepsis zu betrachten. Erst durch diese Rabatte schaffte es Janukowitsch seine Wahlversprechen, die Erhöhung von Pensionen und Mindestlöhnen, durchzusetzen.[152] Neben der langen Stationie-

---

[147] vgl. o.V.: „Ukraine sagt NATO ab" in Neue Presse Kronach, 3.7.2010.
[148] vgl. Schuller, Konrad: „Flotten- und Gasabkommen ratifiziert" in Frankfurter Allgemeine Zeitung, 28.4.2010.
[149] vgl. Jeglinski, Nina & Jung, Wolfgang: „Eierwürfe, Rauchbomben und Faustkämpfe" in Neue Presse Kronach, 28.4.2010.
[150] Schuller, Konrad: „Der Kompass der Justiz und die Pole der Macht" in Frankfurter Allgemeine Zeitung, 11.5.2010.
[151] vgl. ebd.
[152] vgl. Schuller, Konrad: „Russland verbilligt Gas für die Ukraine" in Frankfurter Allgemeine Zeitung, 22.4.2010.

rung der russischen Schwarzmeerflotte haben auch die Gasrabatte ein Destabilisierungspotential für die Ukraine. Denn durch billiges Gas wird die strukturschwache Schwerindustrie im Osten unterstützt und somit eine Modernisierung der alten Anlagen verhindert. Ergebnis ist eine „veraltete" Wirtschaft und ein Fürsorgestaat. Auch fallen sofort Parallelen zum Verhältnis zwischen Weißrussland und Russland auf. Zwischen beiden Nationen kommt es immer wieder zum Streit um Gas, wobei das Verhalten Russlands oft als Druckmittel angesehen wird. Letztendlich hat die Entwicklung in der ukrainischen Politik einen Einfluss auf das gasabhängige Westeuropa.[153] Bereits im Juni 2010 kam es zur nächsten Schlagzeile um die ukrainische Energiepolitik. Gasprom sollte mit Natogas Ukrainy, dem staatlichen ukrainischen Gaskonzern vereinigt werden. Das hieße jedoch vielmehr das Gasprom Natogas übernimmt und eingliedert. Dies würde die Eigenständigkeit der Ukraine drastisch reduzieren, da Russland zum einen ein weiteres Druckmittel gegen die Ukrainer erhalten würde, zum anderen würden staatliche Einnahmen durch die Transitgebühren der Leitungen wegfallen.[154]

Aber es gab auch eine Annäherung an Europa. Denn im Mai verkündete die Ukraine noch 2010 eine Freihandelszone mit Westeuropa anzustreben. Dies hängt aber auch damit zusammen, dass die Ukraine von der Wirtschaftskrise sehr betroffen war und bereits Kredite vom IWF benötigte.[155] Die Einrichtung einer Freihandelszone gelang aber noch nicht im Jahre 2010.

Einige Ereignisse zeigen auch, dass es wieder Probleme mit der Pressefreiheit in der Ukraine gibt. So wurden Journalisten von den Behörden beeinflusst oder eingeschüchtert, die Kritik an Russland oder an der pro-russischen Politik des Präsidenten äußerten. Außerdem wurde die Opposition zu deutlich weniger Auftritten im Fernsehen eingeladen.[156]

Auch ein Deutscher, der Büroleiter der Konrad-Adenauer-Stiftung, wurde vom Geheimdienst SBU festgesetzt. Dieser äußerte sich zuvor kritisch gegenüber der

---

[153] vgl. Schuller, Konrad: „An der russischen Schulter" in Frankfurter Allgemeine Zeitung, 23.4.2010.
[154] vgl. Schuller, Konrad: „Putins Angebot" in Frankfurter Allgemeine Zeitung, 4.10.2010.
[155] vgl. Mußler, Hanno: „Ukraine will noch 2010 Freihandel mit Westeuropa" in Frankfurter Allgemeine Zeitung, 19.5.2010.
[156] vgl. Schuller, Konrad: „Voreilende Selbstzensur in der Ukraine" in Frankfurter Allgemeine Zeitung, 31.5.2010.

Regierung und hatte auch Verbindungen zur Opposition.[157] Außerdem häuften sich Meldungen über die Einschüchterung von Kritikern durch den Geheimdienst und das Verschwinden von Journalisten. Unter anderen gab der Geheimdienstchef zu, einen Korrespondenten der Frankfurter Allgemeinen Zeitung bespitzelt zu haben.[158] Im Mai 2010 wurde zusätzlich ein Korruptionsverfahren gegen Timoschenko erhoben. Sie steht unter Verdacht im Jahre 2003 Richter bestochen zu haben und 300 Millionen Dollar durch den Verkauf von Emissionsrechten während ihrer Regierungszeit veruntreut zu haben.[159] Dies bestätigte ein amerikanischer Wirtschaftsprüfer. Jedoch ist das Urteil fragwürdig, da dieser vor der Orangenen Revolution für das autoritäre Regime unter Kutschma gearbeitet hat.[160]

Ein weiterer Schritt, der als Maßnahme Janukowitschs zur Sicherung seiner Macht gesehen werden kann, ist die Änderung des Gesetzes für die Kommunalwahlen. Teilnehmen dürfen nach der Änderung nur noch Parteien, die älter als ein Jahr sind und es sind keine Wahlbündnisse erlaubt. Somit blockiert er seine Gegner, vor allem Timoschenko.[161]

Auch die Einschränkung der Pressefreiheit war kurze Zeit später wieder aktuell, denn ein Gericht in Kiew entzog zwei unabhängigen Sendern wichtige Sendefrequenzen.[162] Bereits im Oktober gab es eine weitere aufsehenerregende Meldung. Das Verfassungsgericht änderte das parlamentarische Regierungssystem zu einem präsidialen. Somit wurde die Macht des Parlaments stark eingeschränkt. Ursache war die Erklärung der Verfassung, die nach der Orangenen Revolution entstand, für ungültig. Deshalb trat die Verfassung von 1996 wieder in Kraft. Der Präsident kann nun Minister und Ministerpräsident ein- und abset-

---

[157] vgl. Schuller, Konrad: „Deutscher in Kiew festgesetzt" in Frankfurter Allgemeine Zeitung, 28.6.2010.

[158] vgl. o.V.: „F.A.Z.-Korrespondent bespitzelt" in Frankfurter Allgemeine Zeitung, 11.10.2010.

[159] vgl. Schuller, Konrad: „Janukowitsch: Justiz auch im Fall Timoschenko unabhängig" in Frankfurter Allgemeine Zeitung, 15.5.2010.

[160] vgl. o.V.: „Schwere Vorwürfe gegen Timoschenko" in Frankfurter Allgemeine Zeitung, 15.10.2010.

[161] vgl. Schuller, Konrad.: „Ein Gesetz für Janukowitsch" in Frankfurter Allgemeine Zeitung, 14.8..2010.

[162] vgl. Schuller, Konrad.: „Urteil gegen unabhängige Sender" in Frankfurter Allgemeine Zeitung, 31.8.2010.

zen, Regierungsbeschlüsse blockieren und hat mehr Macht um Verordnungen zu erlassen.[163]

Van Rompuy, der Präsident des europäischen Rates, lobte kurze Zeit später die Entwicklungen in der Ukraine und stellte eine Visumsfreiheit für die EU in Aussicht. Dazu müsse die Ukraine biometrische Pässe einführen und die Grenzkontrollen anpassen. Auch wurde wieder über eine Zusammenarbeit auf wirtschaftlicher Ebene, das heißt das Einrichten einer Freihandelszone gesprochen.[164]

Im Dezember 2010 kam es wieder zu Verhaftung ehemaliger Regierungsmitglieder, darunter unter anderen Luzenko und zwei ehemalige Minister.[165] Außerdem wurde das Strafverfahren gegen Timoschenko eröffnet und ein Ausreiseverbot für sie ausgesprochen.[166] Einen Monat später gab es eine Reaktion seitens des Westens auf die Entwicklungen in der Ukraine. Mehrere europäische Politiker stellten die Beziehungen aufgrund der scheinbar gelenkten Strafprozesse gegen die Opposition in Frage.[167] Einige Tage später wurde jedoch eine zweite Anklage gegen Julia Timoschenko erhoben. Diese soll Rettungsfahrzeuge, welche sie während ihrer Regierungszeit angeschafft hatte, als Werbefahrzeuge benutzt haben.[168] Die letzte relevante politische Meldung war der Beschluss, die Parlamentswahlen von Ende März 2011 auf Oktober 2012 zu verschieben. Dies wurde durch eine Verfassungsänderung möglich gemacht. Die Mehrheit im Parlament kam durch übergelaufene Abgeordnete aus dem demokratischen Lager zustande.[169]

Nach anfänglichem Euphemismus nach der Orangenen Revolution stellte sich im Laufe der Zeit langsam wieder Ernüchterung ein. Konfliktthemen wie Gas aus Russland, Pressefreiheit, die Unabhängigkeit der Justiz und Legislative von

---

[163] vgl. Schuller, Konrad: „Mehr Macht für Janukowitsch" in Frankfurter Allgemeine Zeitung, 2.10.2010.
[164] vgl. Busse, Nikolas: „EU stellt Kiew Visumsfreiheit in Aussicht" in Frankfurter Allgemeine Zeitung,23.11.2010.
[165] vgl. o.V.: „Verhaftung in der Ukraine" in Frankfurter Allgemeine Zeitung, 16.12.2010.
[166] vgl. Schuller, Konrad: „Timoschenko darf die Ukraine nicht verlassen" in Frankfurter Allgemeine Zeitung, 17.12.2010.
[167] vgl. Schuller, Konrad: „EU stellt Vertrag mit Kiew in Frage" in Frankfurter Allgemeine Zeitung, 12.1.2011.
[168] vgl. Schuller, Konrad: „Druck auf Timoschenko wächst" in Frankfurter Allgemeine Zeitung, 29.1.2011.
[169] vgl. Schuller, Konrad.: „Ukraine verschiebt Wahl" in Frankfurter Allgemeine Zeitung, 3.2.2011.

der Exekutiven oder die immer noch weit verbreitete Korruption sind nur einige Beispiele für Probleme, die die Ukraine besitzt. Gerade nach der Wahl Janukowitschs häuften sich wieder Berichte über verschwundene Journalisten oder gekaufte Abgeordnete. Deshalb muss vor allem jetzt der Westen, das heißt die Institutionen der Europäischen Union, Missstände kritisieren und Konsequenzen ziehen. Denn wenn die Annäherung an Russland weiter fortschreitet läuft die Ukraine Gefahr, genauso wie Weißrussland heute, abhängig von Russland zu sein und somit einen Teil seiner Souveränität zu verlieren. Es gilt die Chance der Orangenen Revolution nicht zu verspielen und einen demokratischen und stabilen Staat aufzubauen. Ob dies mit dem aktuellen Präsidenten möglich ist, ist fragwürdig. Hier könnte zum Beispiel die Region Transkarpatien als Brückenkopf zur EU werden. Letztendlich entscheiden jedoch die nächsten Wahlen darüber, in welche Richtung die Ukraine gehen wird.

Literatur

Busse, Nikolas: „EU stellt Kiew Visumsfreiheit in Aussicht" in Frankfurter Allgemeine Zeitung, 23.11.2010.

Jeglinski, Nina & Jung, Wolfgang: „Eierwürfe, Rauchbomben und Faustkämpfe" in Neue Presse Kronach, 28.4.2010.

Lüdemann, Ernst: „Nach den Septemberwahlen 2007 – innerukrainische Gegensätze" in: Bernd Rill (Hrsg.), Die Ukraine – Partner der EU (Hans Seidel Stiftung)

Mauder, Ulf: „Zwischen Kiew und Moskau setzt Tauwetter ein" in Neue Presse Kronach, 9.2.2010.

Mußler, Hanno: „Ukraine will noch 2010 Freihandel mit Westeuropa" in Frankfurter Allgemeine Zeitung, 19.5.2010.

o.V.: „F.A.Z.-Korrespondent bespitzelt" in Frankfurter Allgemeine Zeitung, 11.10.2010.

o.V.: „Schwere Vorwürfe gegen Timoschenko" in Frankfurter Allgemeine Zeitung, 15.10.2010.

o.V.: „Ukraine sagt NATO ab" in Neue Presse Kronach, 3.7.2010.

o.V.: „Verhaftung in der Ukraine" in Frankfurter Allgemeine Zeitung, 16.12.2010.

Schuller, Konrad: „An der russischen Schulter" in Frankfurter Allgemeine Zeitung, 23.4.2010.

Schuller, Konrad: „Der Kompass der Justiz und die Pole der Macht" in Frankfurter Allgemeine Zeitung, 11.5.2010.

Schuller, Konrad: „Deutscher in Kiew festgesetzt" in Frankfurter Allgemeine Zeitung, 28.6.2010.

Schuller, Konrad: „Druck auf Timoschenko wächst" in Frankfurter Allgemeine Zeitung, 29.1.2011.

Schuller, Konrad.: „Ein Gesetz für Janukowitsch" in Frankfurter Allgemeine Zeitung, 14.8..2010.

Schuller, Konrad: „EU stellt Vertrag mit Kiew in Frage" in Frankfurter Allgemeine Zeitung, 12.1.2011.

Schuller, Konrad: „Flotten- und Gasabkommen ratifiziert" in Frankfurter Allgemeine Zeitung, 28.4.2010.

Schuller, Konrad: „Janukowitsch: Justiz auch im Fall Timoschenko unabhängig" in Frankfurter Allgemeine Zeitung, 15.5.2010.

Schuller, Konrad: „Mehr Macht für Janukowitsch" in Frankfurter Allgemeine Zeitung, 2.10.2010.

Schuller, Konrad: „Misstrauensvotum gegen Ministerpräsidentin Timoschenko" in Frankfurter Allgemeine Zeitung, 3.3.2010.

Schuller, Konrad: „Mit Schwüren, Schmelz und Stöhnen" in Frankfurter Allgemeine Zeitung, 3.2.2010.

Schuller, Konrad: „Nun folgt der Kampf der Institutionen" in Frankfurter Allgemeine Zeitung, 22.2.2010.

Schuller, Konrad: „Putins Angebot" in Frankfurter Allgemeine Zeitung, 4.10.2010.

Schuller, Konrad: „Russland verbilligt Gas für die Ukraine" in Frankfurter Allgemeine Zeitung, 22.4.2010.

Schuller, Konrad: „Schwankende Brücke" in Frankfurter Allgemeine Zeitung, 10.2.2010.

Schuller, Konrad: „Sieg für Janukowitschs Lager im ukrainischen Parlament" in Frankfurter Allgemeine Zeitung, 10.3.2010.

Schuller, Konrad.: „Timoschenko darf die Ukraine nicht verlassen" in Frankfurter Allgemeine Zeitung, 17.12.2010.

Schuller, Konrad: „Timoschenko erkennt Niederlage nicht an" in Frankfurter Allgemeine Zeitung, 10.2.2010.

Schuller, Konrad: „Timoschenko: Ich bin bereit, sofort zurückzutreten" in Frankfurter Allgemeine Zeitung, 3.3.2010.

Schuller, Konrad: „Timoschenkos Klage erfolglos" in Frankfurter Allgemeine Zeitung, 9.4.2010.

Schuller, Konrad: „Timoschenkos Schweigen" in Frankfurter Allgemeine Zeitung, 9.2.2010.

Schuller, Konrad: „Ukraine verschiebt Wahl" in Frankfurter Allgemeine Zeitung, 3.2.2011.

Schuller, Konrad: „Urteil gegen unabhängige Sender" in Frankfurter Allgemeine Zeitung, 31.8.2010.

Schuller, Konrad: „Vorauseilende Selbstzensur in der Ukraine" in Frankfurter Allgemeine Zeitung, 31.5.2010.

Veser, Reinhard: „Reifeprüfung" in Frankfurter Allgemeine Zeitung, 9.2.2010.

Einzelbände

Djordje Andrijasevic (2009): Die Entwicklung der Rechtsstaatlichkeit in der Ukraine
ISBN: 978-3-640-39432-6

Veronika A. Bach (2010): Die zivilgesellschaftliche Komponente der Demokratisierung. Belarus und Ukraine im Vergleich
ISBN: 978-3-640-89403-1

Nico Rausch (2007): Voter's choice in Ukraine's Presidential and Parliamentary Elections since 1994
ISBN: 978-3-640-17420-1

Georg Sonnenberger (2010): Die Ukrainische Verfassung von 1996. Bedingungsfaktor für ein autoritäres Regime?
ISBN: 978-3-656-25253-5

Johannes Stockerl (2010): Oligokratie: Schwierigkeiten bei der Konsolidierung der ukrainischen Demokratie am Beispiel der Medien
ISBN: 978-3-640-67834-1

Nico Carl (2011): Ukraine – jüngere politische Entwicklungen seit September 2007
ISBN: 978-3-656-00862-0
Aus der Reihe: e-fellows.net stipendiaten-wissen